Companhia Das Letras



# O PESO E A GRAÇA

SIMONE WEIL foi uma filósofa, mística e militante política. Nasceu em Paris, em 1909, em uma família judia, mas não recebeu educação religiosa. Foi uma das primeiras mulheres a estudar na École Normale Supérieure. Foi professora em uma escola secundária e, mais tarde, para compreender o sofrimento do proletariado, trabalhou em uma fábrica da Renault. Produziu diversos ensaios políticos polêmicos, como *Pela supressão dos partidos políticos*, *Contra o colonialismo* e o clássico *O enraizamento*. Seu embate contra o fascismo não era apenas intelectual: apesar de pacifista, alistou-se para lutar na Guerra Civil Espanhola. Paralelo à sua militância política, o interesse pelas religiões desabrochou a partir de leituras como *O livro dos mortos* egípcio e o *Bhaghavad Gita*, obra central do hinduísmo. Aderiu aos valores do cristianismo, mas rejeitou a conversão católica. A tensão filosófica dessa aproximação está retratada em *O peso e a graça*, fruto de inúmeras reflexões anotadas e depois editadas por Gustave Thibon. Faleceu no Reino Unido aos 34 anos, diagnosticada com tuberculose, recusando a alimentação, pois defendia que a comida deveria ser enviada para os franceses que resistiam no seu país ocupado por nazistas.

GUSTAVE THIBON foi um filósofo francês nascido em 1903. Leitor fluente em diversas línguas, converteu-se ao catolicismo e passou a publicar em revistas ligadas à religião. Seu primeiro livro trata da obra do psicólogo Ludwig Klages. Durante a Segunda Guerra, hospedou Simone Weil em sua fazenda. Logo travaram uma amizade, e Simone lhe confiou seus cadernos, de onde ele extraiu *O peso e a graça*. Ele considerou esse "o grande encontro de sua vida", e enxergava em Weil uma irmã de alma. Thibon morreu em 2001, na França.

LEDA CARTUM nasceu em São Paulo, em 1988. Publicou *As horas do dia: pequeno dicionário calendário* (7Letras, 2012), *O porto*

(Iluminuras, 2016, semifinalista do prêmio Oceanos), *Bruno Schulz conduz um cavalo* (Relicário, 2018) e *Formas feitas no escuro* (Fósforo, 2023). É mestre em literatura francesa pela Universidade de São Paulo. Ao lado de Sofia Nestrovski, é roteirista e apresentadora do podcast *Vinte Mil Léguas*, que deu origem ao livro *As vinte mil léguas de Charles Darwin* (Fósforo, 2022).

# SIMONE WEIL

# O peso e a graça

*Tradução, introdução e notas de*
LEDA CARTUM

*Organização e prefácio de*
GUSTAVE THIBON

COMPANHIA DAS LETRAS

*Grafia atualizada segundo o Acordo Ortográfico da Língua Portuguesa de 1990, que entrou em vigor no Brasil em 2009.*



Published by Companhia das Letras in association with Penguin Group (USA) Inc.

TÍTULO ORIGINAL
La Pesanteur et la grâce

PREPARAÇÃO
Flavio Magalhães Taam

REVISÃO
Marina Nogueira
Ana Maria Barbosa

*Os editores e a tradutora agradecem a colaboração de Guilherme Gontijo Flores na preparação da edição anterior desta tradução, publicada pela Chão de Feira.*

Dados Internacionais de Catalogação na Publicação (CIP)
(Câmara Brasileira do Livro, SP, Brasil)

Weil, Simone, 1909-1943.
O peso e a graça / Simone Weil ; tradução, introdução e notas de Leda Cartum ; organização e prefácio de Gustave Thibon. — 1ª ed. — São Paulo : Penguin-Companhia das Letras, 2025.

Títulos originais: La Pesanteur et la grâce.
ISBN 978-85-8285-221-7

1. Filosofia francesa I. Cartum, Leda. II. Thibon, Gustave. III. Título.

25-264082 CDD-194

Índice para catálogo sistemático:
1. Filosofia francesa 194

Cibele Maria Dias — Bibliotecária — CRB-8/9427


EDITORA SCHWARCZ S.A.
Rua Bandeira Paulista, 702, cj. 32
04532-002 — São Paulo — SP
Telefone (11) 3707-3500
www.penguincompanhia.com.br
www.companhiadasletras.com.br
www.blogdacompanhia.com.br

# Sumário

# Nota à tradução

O título deste livro — *La Pesanteur et la grâce* — foi traduzido nas outras versões para o português como *A gravidade e a graça*. Tradução semelhante foi feita para o inglês e para o espanhol. Isso porque um dos significados de "pesanteur" é "resultante da força de gravidade exercida sobre um corpo pela atração da massa terrestre". Mas a palavra "gravité" existe em francês, e outras acepções de "pesanteur" a distanciam do sentido de "gravidade": por exemplo, "caráter daquilo que é pesado", "impressão desagradável de peso" ou "falta de vivacidade, de leveza, de penetração e, por metonímia, comportamento de uma pessoa desprovida dessas qualidades" (todas as definições são do dicionário *Trésor de la Langue Française*). Acredito que a palavra "peso" em português se aproxima com mais precisão de "pesanteur": segundo o dicionário *Houaiss*, ela significa tanto "força exercida sobre um corpo pela atração gravitacional da Terra" quanto "condição de um corpo pesado", "sensação de mal-estar" ou "tudo aquilo que incomoda, preocupa, abate". No entanto, a opção por traduzir "pesanteur" por "peso" traz um problema: há algumas ocorrências da palavra "poids" — que significa em francês, justamente, "peso" — neste livro. Como são poucas as vezes em que essa palavra ocorre, optei simplesmente por destacá-las em nota para, assim, diferenciar esses dois termos que, em português, tornaram-se o mesmo.

Introdução

# Simone Weil é estranha

LEDA CARTUM[1]

Este é um livro estranho, de uma autora estranha. É também por isso (mas não só por isso) que é um livro fascinante — porque não se encaixa bem numa definição, escapa das mãos em toda tentativa de segurá-lo numa posição fixa. Simone Weil não pôde nem mesmo ser chamada de autora em vida, já que todos os seus livros são póstumos: só o que publicou foram artigos — alguns nem mesmo assinados com seu nome, e sim com o anagrama Émile Novis —, mas nunca chegou a reunir por iniciativa própria as tantas anotações que fazia em seus cadernos. Escritora, mas sem livros; judia, mas sua revelação foi através do encontro com Cristo, embora nunca tenha se convertido nem se filiado a uma Igreja; viveu por pouco mais de trinta anos, mas atravessou duas guerras mundiais. Simone Weil nasceu em 1909 e, ainda criança, adotou um soldado durante a Primeira Guerra, enviando para o front o dinheiro que conseguia com pequenos trabalhos domésticos; e morreu em 1943 durante a Segunda Guerra, depois de ver frustrados os seus planos de se juntar às forças da Resistência. Foi operária numa fábrica da Renault, mas não era pobre: queria viver em primeira mão o cotidiano da classe trabalhadora. Era indiscutivelmente pacifista, mas pegou em armas na Guerra Civil Espanhola. Seu pensamento era profundamente religioso, mas ela entendia o ateísmo como via possível de purificação.

E não é só que este livro é póstumo: ele não foi nem mesmo exatamente concebido como tal por Simone Weil. Pelo menos não só por ela. *O peso e a graça*, seu primeiro livro, uma de suas obras mais conhecidas e que a alçou ao renome mundial, é uma reunião das notas presentes nos treze cadernos que Weil entregou ao amigo padre e escritor Gustave Thibon pouco antes de se refugiar com a família nos Estados Unidos, em 1942. Foi dele o trabalho de vasculhar os cadernos e, em meio aos registros do "dia a dia de seus pensamentos, entremeados de citações em todas as línguas e de anotações estritamente pessoais", selecionar e organizar um livro em torno de palavras que ele identificou como centrais. Palavras como "graça" e "peso" — foi assim que surgiu o título —, mas também "contradição", "atenção", "beleza" ou "descriação". Sob esses e outros termos de referência, os capítulos se compõem. O livro, então, poderia tranquilamente se organizar de outra maneira e quase convida o leitor a fazer isso: os 39 capítulos curtos são antes sugestões e direcionamentos e por isso não precisam ser lidos em sequência. Este é um livro estranho também porque lê-lo é entrar em contato com meditações profundas e, ao mesmo tempo, incompletas, pensamentos soltos sobre "o sentido do universo" ou "a distância entre o necessário e o bem" que desbravam caminhos, mas nem sempre chegam a percorrê-los; dão saltos, ziguezagueiam, não se encadeiam de maneira lógica; palavras repetidas — como se a cada repetição elas ganhassem um pouco mais de consistência, ou como se, nessas idas e vindas, estivessem o tempo todo à procura de algo maior, fora delas — que interpelam o leitor para que ele também selecione e reorganize o que lê, assim como fez o próprio Gustave Thibon.

Simone Weil é essencialmente estranha. Estranha no mundo: esteve aqui, mas definitivamente não era daqui. E dava para notar isso só de olhar para ela. As mãos pequenas demais que inchavam o tempo todo, e por isso demoraram para aprender caligrafia na escola. Os bolsos do vestido manchados de caneta-tinteiro. Aos quinze anos, na costureira com a mãe, recusando-se a se olhar no espelho. Numa cidadezinha do Sul da França, chegando na sala como professora de meninas com o agasalho do avesso. Sentada ao pé de uma cama de ferro, num quarto sem móveis, recitando versos gregos para as colegas. Trabalhando na fábrica, depois de uma noite em claro, chorando de dor de cabeça enquanto manejava a prensa pesada. Encurvada num canto numa reunião sindical, com a boina larga demais para a cabeça, a saia informe que chegava até o chão, quieta, fumando um cigarro atrás do outro. Lavando a louça, sem saber como segurar os pratos, tentando ser cuidadosa, ainda que fosse evidente que não tinha jeito, que aquilo não era natural para ela, a ponto de o amigo que a recebia não conseguir se conter e começar a rir.[2]

Deve ser também por essa estranheza que nos sentimos atraídos por Simone Weil. Nela, a recusa a qualquer adaptação foi radical e constante, sem espaço para concessões; nela, a inadequação do começo da vida, da infância e da adolescência, permaneceu intacta (ou chegou mesmo a aumentar à medida que o tempo passava) até o seu fim, aos 34 anos. Da criança chamada pela professora de "incapaz manualmente, admirável pelo espírito", passando pela adolescente apelidada de "Marciana", até a mulher (e é estranho também chamá-la de "mulher", ela que recusou inclusive isso e chegou a assinar cartas à mãe como "Seu filho, Simon") descrita em jornais como "trêmula e pálida", "caluniadora a serviço da União Soviética", de "uma indisciplina que raia à provocação"[3] — ela se manteve, durante todo o pouco tempo em que pisou neste mundo, já com um pé para fora, como que se equilibrando nas extremidades, sempre prestes a escapar para o outro lado.

"Em certo sentido, ela passou a vida toda sendo a criança inflexível que se senta na neve e se recusa a sair com os pais, porque eles deram a bagagem mais pesada para o irmão carregar."[4] Quem diz isso é o mesmo amigo que riu enquanto Simone Weil se esforçava para lavar a louça, esse que assina a edição e o prefácio deste livro — Gustave Thibon recebeu Weil em 1941 para passar um tempo na sua fazenda, aprendendo sobre os diferentes tipos de trabalho agrícola. Como ele conta no livro *Simone Weil telle que nous l'avons connue* [Simone Weil como nós a conhecemos], ela não foi uma hóspede fácil, e isso não exatamente por causa da dificuldade em lavar a louça. Ao encontrar com ela pela primeira vez, Thibon diz ter tido "a impressão de estar diante de um indivíduo radicalmente estranho a todos os meus modos de sentir e pensar e a tudo o que, para mim, representa o sentido e o sabor da vida": ele se sentiu "um estranho numa terra estranha, diante de um novo mundo e de céus desconhecidos". É evidente que há uma beleza aí, mas não é isso o que vem de imediato. O que veio nesse primeiro contato, antes de qualquer coisa, foi um desconforto. Era mesmo desconforto o que Weil buscava, e é por isso que não era fácil tê-la como hóspede: recusou-se a dormir no quarto preparado para ela e preferiu, por mais complicações que isso causasse aos anfitriões, ficar numa casinha abandonada às margens do rio, fria, cheia de ratos e meio em ruínas. "Ela, que não teria permitido que ninguém fizesse o menor sacrifício quando o que estava em jogo era seu prazer ou suas necessidades, parecia não se dar conta das complicações e até dos sofrimentos que podia causar na vida dos outros se a questão era a sua vocação para se anular."

Foi só com o tempo que o estranhamento que ela provocava se revelou para Thibon muito mais do que desconforto; ou então o desconforto foi crescendo a ponto de abrir espaço, aos poucos, para um olhar novo. Um olhar atento ao mundo, que não se deixa acostumar com o que vê. Gustave Thibon conta que um dia encontrou Simone Weil sentada num tronco de árvore, "perdida na contemplação do vale do Ródano", uma das paisagens mais bonitas da França — de um lado, a cordilheira repleta de picos nevados de Belledonne, o rio atravessando no meio, e, de outro, as montanhas baixas dos Alpilles:

> Então vi seu olhar gradualmente emergir daquela visão para voltar ao normal; a intensidade e a pureza daquele olhar eram tais que era possível sentir que ela contemplava as profundezas interiores ao mesmo tempo que a vista magnífica que se abria diante dela, e que a beleza da sua alma correspondia à terna majestade da paisagem.

Essa pureza e essa intensidade apareciam mais e mais com a convivência. O que a criança tem de teimosa, ela tem de perceptiva; e se ela teima tanto, é também porque está vendo o que ninguém mais quer ou consegue, porque se revolta com o hábito enraizado nos adultos que olham e não veem que "nossa vida é impossibilidade, absurdo". Encurvada, pequena e frágil, com as roupas quase sempre pretas, os cabelos descritos por Georges Bataille como "curtos e despenteados que pareciam duas asas de corvo, uma de cada lado do rosto",[5] Simone Weil olha as coisas com atenção e em nenhum momento deixa de perceber que elas são a ponta da pirâmide, a manifestação das leis que regem este mundo: "a verdade do mundo", "a ordem do mundo", "a espessura do mundo".

Como escreve no capítulo "Descriação":

> A extrema dificuldade que tenho às vezes para executar uma ação mínima é um favor que recebi. Pois é assim, com ações ordinárias e sem chamar a atenção, que posso cortar as raízes da árvore. Por mais desapegados da opinião que estivermos, as ações extraordinárias ainda contêm um estímulo inevitável. Esse estímulo está totalmente ausente das ações ordinárias. Ter uma dificuldade extraordinária para fazer uma

ação ordinária é um favor ao qual devemos agradecer. Não devemos pedir pelo desaparecimento dessa dificuldade; devemos, sim, implorar pela graça de poder aproveitá-la.

O agasalho do avesso, os bolsos manchados de caneta, a falta de jeito para lavar um prato, tudo isso interessa não só como curiosidade biográfica, mas porque essas estranhas ações mínimas são sinais. Como qualquer existência humana sobre a Terra, Simone Weil é um "ser infinito que olha todas as coisas" — a diferença é que, num caso como o dela, a consciência disso nunca é menos que aguda, não se permite reduzir a nenhum hábito, nenhuma adaptação, nenhuma imagem no espelho. Qualquer gesto, ordinário ou extraordinário, é uma manifestação da infinitude dessa existência. Tudo então passa a ser da ordem do impossível. E se o mais banal é tão difícil, o quase irrealizável é sempre tentador: ir até a Espanha e tentar manejar um fuzil, sem nunca ter pegado numa arma antes; ou então, do exílio, embarcar num navio de volta para a Europa com o plano de se juntar à Resistência, sendo judia em plena Segunda Guerra Mundial. Esse gênero de ação extraordinária parece tão — ou até mais — factível para Simone Weil quanto lavar a louça.

De qualquer maneira, temos relatos do fracasso que ela encontrou em todas essas missões: na Espanha, acabou depois de poucos dias enfiando a perna numa panela de óleo fervente que estava no chão, e foi resgatada pelos pais com ferimentos graves em Barcelona (não fosse por isso, ela provavelmente teria morrido). Na Inglaterra, para onde foi no final de 1942, morreu menos de um ano depois de ter chegado, por causa de uma tuberculose contraída quando já estava com a saúde extremamente frágil, recusando-se a ingerir mais do que porções mínimas de comida — não mais do que uma gema de ovo, um pêssego ou uma colher de sopa. "Eu não consegui ser nada: nem universitária, nem professora, nem operária, nem guerrilheira, nem trabalhadora agrícola. Só o que me resta é ser mendiga", Thibon conta que a escutou confessar uma vez. Ao que ele respondeu: "Eu não queria ser desencorajador, mas me parece que é nisso que você teria menos sucesso".

Acompanhando essa sequência comovente de fracassos, dá a impressão de que Simone Weil nunca quis ter sucesso no que se propunha a fazer. O que ela buscava nessas idas e vindas desastradas — e é isso o que escreve de tantas formas diferentes ao longo da vida — era o impossível. E como tocar o impossível? É preciso se tornar o impossível: retirar de cena, "ver uma paisagem como ela é quando eu não estou", deixar de macular "o silêncio do céu e da terra" com o som da respiração e das batidas do coração. Só que (nem preciso dizer) isso é impossível: por mais que fugisse, por mais que desviasse dos caminhos óbvios, ela sempre carregava consigo a si mesma, as mãos anormalmente pequenas, a miopia severa, a "falta de costume, o desajeitamento natural — que é enorme —, uma certa lentidão natural nos movimentos, dores de cabeça, e uma mania de pensar de que nunca consigo me libertar...".[6] Para quem mira tão alto, o fracasso talvez seja uma forma de libertação. Mas a sua mania de pensar não a deixava esquecer nunca o quanto a "vida humana é *impossível*"; o quanto somos seres infinitos condenados a um nível finito. E como se limitar à finitude? Mesmo infinita, é preciso lavar a louça. Talvez as tarefas rasas sejam as mais difíceis para Simone Weil, que sempre respirou o ar rarefeito das alturas extremas. E, entre extremos, se o infinito não cabe em lugar nenhum, a outra ponta é o nada — a questão, assim, não é aumentar de tamanho, mas diminuir. "Um número que aumenta acha que está se aproximando do infinito. Mas ele está se afastando. Para se erguer, é preciso se rebaixar." "Esvaziar-nos do mundo. [...] Reduzir-nos ao ponto que ocupamos no espaço e no tempo. A nada."

Olhando para a vida de Simone Weil, aos poucos percebemos que essas ações estranhas, o seu desencaixe no mundo, estão longe de ser mero narcisismo. Algo aos poucos se revela: não há muita diferença entre observar sua vida ou seu pensamento, porque para ela o pensamento só tinha sentido se ele se realizasse em todos os níveis da existência. Susan Sontag, numa resenha para a *New York Review of Books*, conclui descrevendo Weil como uma pessoa "insuportavelmente idêntica às suas ideias".[7]

Por mais que quisesse se apagar, ela não conseguia passar despercebida em lugar nenhum, e continua despertando leituras extremas até hoje. De um lado, foi praticamente santificada pouco depois da morte. Conta-se que Albert Camus, no dia em que recebeu o prêmio Nobel de Literatura, correu até a casa dos Weil para ficar sozinho, num momento de contemplação silenciosa, estrangeiro a todo o resto do mundo, no santuário que o quarto de Simone era para ele.[8] Patti Smith, mais recentemente, relata a busca que fez por mais de uma hora no cemitério de Ashford até enfim encontrar o túmulo de Simone Weil e parar diante dele, "em toda sua modesta graça": quando ela se ajoelhou para deixar um presente sob o nome na lápide, "palavras se formaram, caindo umas sobre as outras como numa cantiga infantil. Eu me senti desamparadamente em paz. [...] Havia uma ausência de luz, mas não de amor".[9] De outro lado, a própria Susan Sontag a chama de "tendenciosa, exaustiva e irritantemente certa"; George Steiner a considera "um dos piores casos de cegueira e intolerância na aborrecida história da autoaversão judaica".[10]

A ideia aqui não é tanto tomar um partido ou outro, chegar a uma posição a respeito dessa figura, mas sim, com o tempo, que essa aproximação possa conduzir o nosso olhar: que sejamos levados a olhar ao redor — um pouco, pelo menos — como ela olhava. Com atenção extrema.

É assim que ela escreve no capítulo "A atenção e a vontade": "Método para compreender as imagens, os símbolos etc. Não tentar interpretá-los, mas olhar para eles até que a luz comece a jorrar".

Convivendo com as palavras que Simone Weil nos deixou, quem vai se tornando estranho é o mundo.

## UM LIVRO LIDO NA INFÂNCIA

*O peso e a graça* é um livro que nasce de uma amizade. Gustave Thibon, seu segundo autor, só se permitiu transformar em livro as notas que Simone Weil entregou para ele em 1941 porque os dois confiavam profundamente um no outro; porque ela deu de presente ao amigo, com os cadernos, as suas ideias, que já tinham vida própria — uma vida, ela sabia, mais forte e mais duradoura que a dela — e que poderiam ganhar outra forma sob a pena de Thibon.

Quando Simone Weil chegou na fazenda dele, uma jovem de 32 anos desleixada e despenteada, discordando de quase tudo, discutindo infinitamente "com sua voz monótona", Gustave Thibon diz ter sentido que corria o risco de entrar no "purgatório na Terra" no qual ela vivia. Ele não imaginava a transmutação que aconteceria em poucos dias de convivência. "As posições respectivas do ser e do parecer estavam invertidas no caso dela", ele escreve no prefácio a este livro. Se a primeira impressão era desagradável e até amedrontadora, porque ela não fazia nenhum esforço para ter boa aparência ou ser convenientemente simpática, aos poucos, com "muito tempo, muito afeto e muito pudor vencido", era numa "atmosfera de intimidade" que ela manifestava o que tinha de melhor; diferente da maior parte dos homens, que só num círculo íntimo é que deixam o seu pior vir à tona. E o melhor de Simone Weil, sua "natureza profunda", a "lava escondida sob uma camada de gelo", segundo Thibon, era "um límpido misticismo", uma "harmonia verdadeira em relação ao essencial" que ele confessa nunca ter visto em outro ser humano.

A partir daí, o que interessa já não é mais o quanto Weil é estranha ou o desconforto que ela causa; Thibon já não olha *para* ela, e sim *com* ela para o horizonte da vista que se estende ao infinito. Os dois discutem e leem, contemplam juntos as ideias, as verdades da existência. Pelo que podemos ler em suas cartas, talvez esses dias que Weil passou na fazenda com o amigo tenham sido os mais felizes de sua vida.

"Para quem ama a verdade", diz numa carta a Thibon, "na operação de escrever, a mão que segura a caneta e o corpo e a alma que estão ligados a ela, com todo seu invólucro social, são coisas de uma importância infinitesimal. Infinitamente pequenos de enésima ordem."[11] Na operação de conversar, era também isso que acontecia entre Simone Weil e Gustave Thibon. As mãos minúsculas e inábeis e o corpo e a alma perdiam importância para abrir espaço às verdades imensuráveis que eles conheciam juntos: Thibon conta que, na última vez que conversaram, ele sentia que, a cada frase que dizia, já sabia o que ela responderia, e assim reciprocamente, "como se houvesse uma comunhão para além das palavras". Foi assim, numa conversa que continuou mesmo depois de sua morte, que *O peso e a graça* surgiu, o primeiro livro assinado por Simone Weil, em 1947, quatro anos depois de ela ter partido.

E dá para dizer sobre este livro algo muito parecido com o que Thibon diz sobre a pessoa de Simone Weil. As posições do ser e do parecer aqui também estão invertidas: não há, nessas palavras que a princípio não foram escritas para serem lidas por outras pessoas, qualquer tentativa de serem agradáveis ou acessíveis, qualquer esforço para conquistar o leitor. Esses textos podem soar estranhos, áridos, difíceis, até amedrontadores. É preciso tempo de convivência com este livro para que as palavras se manifestem em seu melhor.

"Se por acaso você pensar em mim de vez em quando, será como pensar num livro que foi lido na sua infância", ela diz na mesma carta a Thibon. Um livro lido na infância: talvez não haja lembrança mais pacífica do que essa, que certamente desperta carinho, mas não o suficiente para que ele venha carregado da angústia da falta; as ilustrações surgem na memória com mais clareza do que a história, as palavras também são imagens, têm matéria, cheiro, até gosto; e, quando associadas à lembrança do livro, essas palavras permanecem com o mesmo peso e a mesma graça. O desejo que Weil faz a Thibon na sua despedida é também uma chave para ler este livro: como um livro da infância. Devagar. Contemplando as imagens, demorando-se nelas, deixando que repercutam, sem apressá-las com explicações ou entendimentos. Experimentar essas imagens, saboreá-las, como a criança que lê e relê o mesmo livro incontáveis vezes, e chega a rabiscar e até morder as páginas. "Eu só leio o que me dá fome, quando tenho fome, e então eu não leio, eu como", ela diz numa outra carta a um outro padre.[12]

"A beatitude eterna é um estado no qual olhar é comer", escreve no capítulo "Contradição". Simone Weil sempre se alimentou pouco e mal. E o que ela oferece com essas palavras não é um banquete, mas alguns pequenos e preciosos grãos — como nos contos de fadas, um presente que parece humilde, mas guarda poderes mágicos. É preciso ter paciência para descobrir que poder é esse. Lendo, mais do que atingir o entendimento do que está escrito, o que acontece é que estamos fazendo ginástica — uma ginástica da atenção. E às vezes, indo e vindo nesse exercício repetitivo e continuado de leitura, uma frase salta como que por si mesma da página, na sua clareza estranha, na sua beleza desconcertante. A frase emana luz própria e puxa o nosso olhar para outro nível. Por exemplo: "A inteligência não tem que encontrar nada; ela tem que limpar o terreno". Ou então: "Se os estudos constituem uma ginástica da atenção, então cada exercício escolar deve ser uma refração de vida espiritual". Ou ainda: "De forma geral, método para exercer a inteligência, que consiste em olhar". Não se trata aqui de pontos de chegada, mas de partida: de dentro do livro, olhamos de volta para o mundo, agora de outra forma. Com as frases ainda reverberando, desprendemos os olhos da página para olhar com atenção a vista que se abre diante de nós, mesmo que estejamos dentro de casa e a janela só dê para as janelas de outro prédio; de qualquer maneira, seja a paisagem do vale do Ródano ou as paredes brancas da sala de estar, perceber o que tem de "infinito num instante" e deixar ecoar as palavras lidas "até que a luz comece a jorrar".

## LER COMO QUEM TRADUZ

Nesse sentido, tive sorte: traduzir Simone Weil é uma das melhores formas de lê-la. Sei que essa é uma verdade que se aplica à tradução de qualquer autor — mas quero chamar a atenção para a convivência assídua com o texto, e para como esse texto em especial vai ganhando na atmosfera de intimidade que o trabalho de tradução proporciona. Pesar cada uma das palavras, perceber o tempo que elas pedem para serem vertidas da maneira mais precisa para outra língua: foi um pouco como hospedar os pensamentos de Simone Weil na minha cabeça. Eles não são fáceis, recusam-se a ficar no espaço que preparei para eles e decidem por conta própria ocupar outros pontos, mais desconfortáveis. Durante esse processo, sobretudo no começo, confesso que me senti muitas vezes julgada pelas palavras com as quais eu me debatia. Tinha a sensação de que elas me olhavam de cima e, na sua superioridade, desprezavam qualquer uma das minhas ações ordinárias, que não eram rigorosas ou comprometidas o suficiente. Não teriam como ser, porque o critério parecia sempre alto demais — inalcançável. Mas foi devagar, com muito afeto e muito pudor vencido, que fui ficando íntima desses textos a ponto de enfim perceber que dentro deles se guarda, além de tudo, também uma imensa generosidade.

Vou dar um exemplo. Com frequência, os verbos deste livro são conjugados no infinitivo. E, num primeiro momento, numa leitura mais apressada, esse infinitivo pode soar como imperativo — mas não devemos nos deixar enganar por esse desconforto inicial. "Perdoar", "atirar-se contra a pedra", "compreender que há um limite", "descer até a fonte dos desejos", "exilar-se de toda pátria terrestre", "amar o que não existe": ela não está ordenando nada. A beleza de um verbo conjugado no infinitivo é o fato de que ele não se vincula a nenhum tempo ou pessoa específicos, mas aponta para fora, para um ponto no infinito. Olhando mais de perto para essas conjugações, notamos que nada aqui é definitivo; são palavras de alguém que está pensando e olhando a amplitude de uma vista que se estende até o horizonte enquanto pensa. Deixar-se levar por esses pensamentos. Pensar com eles.

> A verdadeira maneira de escrever é escrever como se traduz. Quando traduzimos um texto escrito em uma língua estrangeira, não buscamos acrescentar algo a ele; temos, ao contrário, um escrúpulo religioso para não acrescentar nada. É assim que temos que tentar traduzir um texto não escrito.[13]

E se seguirmos com esse pensamento, naturalmente concluímos que a verdadeira maneira de ler é também ler como se traduz. Thibon descreve as palavras de Weil como "pedras de espera", termo arquitetônico comum na França, que designa as pedras da parede estrutural de um prédio que ficam sobressalentes e, por isso, servem de espera para o encaixe de uma construção futura: "Trata-se aqui de simples pedras de espera, colocadas dia após dia, às vezes com pressa, em vista de uma construção mais completa que, infelizmente, nunca aconteceu". Até a forma como as frases estão dispostas na página indica que elas esperam por um encaixe: sobram espaços vazios, os parágrafos são curtos e às vezes não chegam nem até o final da primeira linha. Os pensamentos se encadeiam em saltos, deixando ver que passou um tempo entre um e outro; as inúmeras citações ficam quase sempre soltas, sem referências nem explicações, e cabe a nós leitores imaginar a associação — nem sempre óbvia — entre o que ela cita e o que ela diz. Ler como se traduz significa, então, respeitar o texto que está diante de nós, mas aproveitar os vazios que ele deixa, inclusive na página, para contemplá-lo até que se torne matéria própria; para que as frases ganhem a consistência e o fundamento que só a experiência pode trazer. Fazer o exercício (a ginástica) de receber essas palavras sem procurar respostas, sem emitir opiniões, sem decidir com o que se está de acordo e do que se discorda.

T.S. Eliot, no seu prefácio a *O enraizamento*, resume assim:

> [...] percebi que deveria tentar entender a personalidade da autora; e que seria necessário ler e reler todo o seu trabalho para esse processo lento de compreensão. Para tentar compreendê-la, não devemos nos distrair — o que muito provavelmente vai acontecer numa primeira leitura — com considerações sobre até que ponto, ou em que instâncias, concordamos ou discordamos dela. Devemos simplesmente nos expor à personalidade de uma mulher genial, de uma genialidade semelhante à dos santos.[14]

O que interessa aqui é algo que não dá para alcançar com a opinião. Ou, então, que não dá para isolar numa opinião única, mas que vai fazer sentido a partir do momento em que nos permitirmos aceitar a validade e o valor de todas as opiniões juntas. "Não temos que escolher entre uma opinião ou outra: precisamos acolher todas elas, mas dispondo-as verticalmente e acomodando-as em níveis convenientes." A verticalidade é de fato outra chave possível para ler este livro. Nem as frases nem os capítulos, aqui, estão dispostos em sequência lógica; não se trata de encadear sucessivamente argumento atrás de contra-argumento para então chegar a uma conclusão — e aí faria sentido que o esforço da nossa inteligência fosse para encontrar alguma coisa. Mas se não era sucesso o que Simone Weil buscava, também não era a sucessão: as frases deste livro se dispõem antes pelo acúmulo, uma sobre a outra, como camadas geológicas, lentamente, cada uma no seu nível, para criar uma forma nova. É assim que as opiniões podem conviver simultaneamente, em harmonia. Quando expostas no mesmo nível, uma *depois* da outra, as posições se contradizem, e por isso sentimos a necessidade de optar por uma e excluir a outra. Só que agora é preciso lembrar que "a contradição, por si mesma, é a prova de que não somos tudo". Toda vez que percebemos uma contradição é porque algo nos escapa; e isso que escapa é o que mais interessa. Se as opiniões estão dispostas em níveis diferentes, uma *sobre* a outra, na vertical, então é possível acolher todas elas ao mesmo tempo. É assim que mesmo aquilo que nos escapa ganha um espaço para existir: "A inteligência não pode nunca penetrar o mistério, mas pode — e ela é a única que pode — dar conta da conveniência das palavras que o expressam".

## BOBOS DA CORTE

Gustave Thibon dizia que nunca encontrou em outra pessoa "uma familiaridade como essa com os mistérios religiosos"; que Simone Weil pertencia a uma outra dimensão. De lá, ela caiu de paraquedas neste mundo, e passou a vida tão curta, e ao mesmo tempo tão longa na quantidade de acontecimentos extraordinários, chamando a atenção para o que ninguém mais queria ver. Depois de partir com os pais para os Estados

Unidos, ela não conseguiu ficar por mais de alguns meses em Nova York, porque estava obcecada por um plano: queria propor uma missão para colaborar com a libertação da França das mãos dos nazistas. Cruzou o Atlântico de volta e chegou na Inglaterra com a ideia de reunir mulheres voluntárias e enviá-las, vestidas de branco, desarmadas, de paraquedas, para prestar socorro à Resistência francesa. Chegou a fazer um curso de primeiros socorros para se tornar uma dessas mulheres lançadas do ar. O plano chegou aos ouvidos de Charles de Gaulle. "Ela é louca" — conta-se que foi assim que ele recebeu a ideia.

"Por favor, Vovô, arranja um mestre-escola que ensine teu Bobo a mentir. Eu quero muito aprender a mentir",[15] diz o personagem do Bobo, em *Rei Lear*. Numa das últimas cartas à mãe, é assim que Weil descreve esses bobos de Shakespeare, com quem se identifica profundamente: "O extremamente trágico é que, como os bobos não têm título de professor, [...] sua expressão da verdade não é nem mesmo escutada. [...] Não são verdades satíricas ou humorísticas, mas a verdade e ponto-final. Verdades puras, sem misturas, luminosas, profundas, essenciais".[16] Eles vêm trazer desastradamente a verdade, e ninguém sabe o que fazer com isso — resta, então, achá-los loucos e achar graça deles.

É fácil rir de Simone Weil, dessa moça malvestida tentando ensinar os Upanixades a uma menina operária que não aguenta mais, e só não diz nada porque está constrangida; é fácil chamá-la de louca e rir dessa inadequação escancarada, e ao mesmo tempo desse esforço constante para conseguir realizar um trabalho prático. É só lembrar da cena: Thibon não consegue conter as gargalhadas — diz que ela segurava um prato como quem ergue um ostensório. Weil tinha plena consciência das extremas dificuldades que tinha. E ainda assim, sabendo disso tudo, vai por conta própria se tornar operária da Renault. Ela, admiradora de Charlie Chaplin (citado mais de uma vez nas suas anotações), dois anos antes do lançamento de *Tempos modernos* estava manejando a prensa pesada para fazer arruelas num "ritmo ininterrupto" até se sentir engolida pelas engrenagens.

> Embutir peças [...]. O ponto serve para determinar o sentido — prensa pequena, pedal mole; é esse ponto que me perturba. É preciso contar (não sei como é o controle, conto conscienciosamente; errado). Arrumo-as por ordem e conto de cinquenta em cinquenta, depois faço em velocidade. Forço, embora não ao máximo, entrego quatrocentas por hora.[17]

Lendo os seus diários de fábrica, não falta muito para imaginá-la saindo da frente da prensa e ainda assim continuando a fazer arruelas obsessivamente pelas ruas, num passo trôpego.

Mas podemos também rir *com* ela: esse é um humor mais estranho. Deixar-se contaminar por seu olhar até se desacostumar com o mundo, a ponto de perceber aproximações possíveis entre coisas distantes. As analogias estão por toda parte, e muitas vezes são tão inusitadas que, mais do que ajudar a compreender uma ideia, o que elas provocam é um grande desconcerto. "Nossa imaginação põe palavras nos barulhos, como quando brincamos preguiçosamente de ver formas na fumaça." "Nosso querer é jogado de um meio para o outro sem parar, como uma bola de bilhar." "Somos exatamente como uma minhoca, incapazes de nos descolar do solo." *Exatamente* como uma minhoca! São frases que, ao mesmo tempo que denotam o tamanho do rigor que ela tinha consigo mesma — é com angústia, e até exaustão, que ela percebe o próprio desejo como uma bola de bilhar e a si mesma como uma minhoca —, também parecem estranhar inclusive a própria angústia. Tente imaginar Simone Weil diante de uma mesa de bilhar, olhando a bola que desliza de um lado para o outro, de um lado para o outro, até ver nessa bola o símbolo do próprio desejo. Ela ri sozinha com o que percebeu. É como a criança que, solitária numa cadeira, olha os adultos que jogam bilhar e falam alto entre si: eles participam do mundo, ela está do lado de fora. Mas é por causa disso que percebe coisas que ninguém mais vê. E dá as suas risadinhas, que ninguém mais nota. Diante do "Pai nosso que estais no céu", ela admite: "Há uma espécie de humor aí. Sim, é o seu Pai, mas tente ir buscá-lo lá no alto!". A frase da oração que todo mundo já ouviu, a fumaça, a bola de bilhar, a minhoca — tudo se torna estranho, percebemos tudo como pela primeira vez. "Você não sente a afinidade, a analogia essencial entre esses bobos [de Shakespeare] e eu?", ela pergunta na mesma carta à mãe.

## TEMPO E ROMÃS

É também um pouco engraçado, mas até compreensível, que uma figura tão essencialmente fora de moda continue assim tão atual, lida e relida, descoberta e redescoberta, editada e reeditada, traduzida e retraduzida ainda hoje, e cada vez mais. Simone Weil, que queria tanto desaparecer, não conseguiu deixar de chamar a atenção para si aonde quer que fosse, e sua morte não foi suficiente para fazê-la sumir; pelo contrário, a partir daí ela foi de fato alçada a santa e ultrapassou ainda mais os limites de seu próprio corpo, no qual sempre se sentiu desencaixada.

"Uma mulher muito bonita", escreve no capítulo "Descriação", "ao olhar sua imagem no espelho, pode muito bem acreditar que ela é isso. Uma mulher feia sabe que ela não é isso." Georges Bataille diz que ela tinha uma "incontestável feiura", mas também, "em certo sentido, uma verdadeira beleza". Já o poeta Jean Tortel a descreve não como mulher — ela nunca se reconheceu mesmo nessa categoria —, mas como uma espécie de "pássaro sem corpo, dobrado sobre si mesmo". "Eu a revejo um pouco encurvada sobre o papel, os dedos frequentemente sujos de tinta, escrevendo muito lenta e penosamente, [...] observando ardentemente através dos óculos", diz Simone Pétrement, amiga de Weil que estudou com ela e escreveu uma biografia depois de sua morte.[18]

Até hoje a imagem desse rosto de óculos e cabelos curtos existe no imaginário de muita gente que nunca leu Simone Weil: um rosto que parece estar quase zombando de quem olha para ele. Como numa foto de 1936, tirada em plena Guerra Civil Espanhola, em que ela está de pé, rígida, com trajes da milícia anarquista e uma arma presa ao corpo, mas com o olhar distante, algo avoado, esboçando um sorriso que não vai até o fim: a foto nasceu pronta para estampar cartazes e capas de livro.

Sua sobrinha Sylvie Weil — filha do irmão genial de Simone, o matemático André, e nascida em 1942, quando a família estava exilada nos Estados Unidos — conta no livro *Chez les Weil* que cresceu sob a sombra da imagem da tia.

> Simone era a jovem tia morta aos 34 anos, alguns meses depois que eu nasci, aquela com que eu parecia [...]. Seus olhos míopes, como os meus, me sorriam por trás dos óculos nas fotos que povoaram minha infância e adolescência. Eu a encontrava com frequência, em momentos inesperados, na vitrine de uma livraria, na capa de um livro, às vezes até em cartazes. Seus cabelos muito pretos, como os meus, ondulados, como os meus. [...] Desconhecidos (imagino que os homens são menos sujeitos a esse tipo de fetichismo) pediam permissão para tocar meu cabelo que "é exatamente como o dela".

Sylvie Weil diz que, para ela, o que restou foi um legado de "rostos arruinados": uma família perdida depois de perder filha e irmã. Se o que Simone queria era a autoanulação, o que aconteceu, na prática, depois de sua morte, é que ela foi santificada pelo público e, no mesmo movimento, despedaçou a família. Os pais e o irmão brigaram para decidir quem era o herdeiro legítimo dos cadernos, até romperem e nunca mais se reconciliarem. Foi difícil para Sylvie perdoar a tia. Ela conta que só conseguiu compreender e aceitar essa figura que mal chegou a conhecer, mas que a assombrou durante toda a vida, depois de ter ultrapassado a fronteira dos 34 anos, ou seja, depois de ficar mais velha que a tia — e só então perceber que muitas das ações de Simone eram ainda de uma menina imatura, que tinha ideias velhas demais para um corpo tão jovem. "Eu não sou alguém com quem é bom unir o próprio destino", ela diz na sua carta a Gustave Thibon. "Os seres humanos sempre pressentiram mais ou menos isso, mas, não sei por que mistério, as ideias parecem ter menos discernimento."

Susan Sontag, reitero, descreve Simone Weil como alguém "insuportavelmente idêntica às próprias ideias". Mas essa questão pode ser abordada em um outro nível. É verdade que, em todos os seus gestos, ela manifestava sem disfarces nem pudores aquilo em que acreditava e no que pensava; mas o que a tornava insuportável talvez fosse o fato de que, enquanto as ideias eram maduras, com elasticidade para se moldar e transformar, ela mesma ainda estava verde, e por isso rígida. Gustave Thibon resume assim:

> Uma das formas mais marcantes que seu respeito pelo próximo assumiu consistia em dizer a tudo e a todos — sem muita consideração por tempo ou lugar — o que ela pensava ser a verdade. Nesse sentido, ela foi mais longe do que o próprio Deus, que se envolve em tantos véus e que disse aos seus discípulos: "Ainda tenho muitas coisas a dizer a vocês, mas vocês não podem suportá-las agora". É muito fácil adivinhar que essa franqueza, fora de hora, feriu muitas vaidades e despertou forte antipatia por ela.

Há uma história da tradição sufi na qual um discípulo vai até a casa de um grande sábio e pede para se tornar aprendiz na arte da medicina. O médico, no entanto, diz: "Você é impaciente e por isso vai deixar de observar as coisas que precisa aprender". O jovem, ainda assim, insiste, e o mestre acaba aceitando. Passam-se anos, e depois de muito estudo, depois de muita observação, o jovem enfim acredita que agora pode exercitar as habilidades que aprendeu. Eis que um dia um homem se aproxima da casa. O médico, olhando para ele de longe, diz: "Esse homem está doente e precisa de romãs". O aluno completa: "Você fez o diagnóstico, agora deixe que eu faça a outra metade do trabalho e receite para ele". Assim que o paciente chega à porta, o aluno se aproxima e diz: "Você está doente, leve romãs!". O paciente fica revoltado. Só o que ele faz é repetir, com raiva: "Romãs! Que absurdo! Coma você as romãs!". E vai embora. O jovem não entende nada; afinal, não fez mais do que revelar a verdade ao paciente. E pergunta ao mestre o que aconteceu. "Vou ilustrar isso na próxima vez que tivermos um caso como esse." Não se passa muito tempo até que um novo homem vá para a casa; antes que ele entre, o mestre nota: "Aí vem um homem que precisa de romãs". O médico então examina o homem calmamente. "Ah, sim, você é um caso difícil e complicado. Estou vendo. Vou pensar... Sim, você precisa de uma dieta especial. Ela deve conter algo esférico, alguma coisa com pequenos alvéolos em seu interior... algo que cresça naturalmente. Uma laranja... não tem a cor certa. Já os limões... são muito ácidos." Ele faz uma pausa. Deixa o paciente pensando também. E, só depois desse momento de silêncio, enfim exclama: "Já sei: romãs!". O paciente fica encantado. Vai embora agradecido. Já o estudante, mais uma vez, fica sem entender nada. "Mas doutor, por que você não disse ao homem simplesmente que ele precisava de romãs, se já sabia disso?" O médico acena com a cabeça e responde: "Porque, além de romãs, ele precisava de tempo".

Simone Weil tinha nas mãos inúmeros grãos preciosos de romã, mas não dispunha de muito tempo. Era difícil saber o que fazer com esse tesouro que ela sentia carregar dentro de si — isso que chamou de uma "reserva de ouro puro que deve ser transmitida", um "bloco maciço" que se tornava mais e mais compacto à medida que crescia, e que ela não sabia "distribuir em pedaços pequenos".[19] Tudo para ela era extremo, absoluto, sem concessões; e ela mesma não suportava o peso desse bloco que crescia mais e mais em seu peito.

> É verdade que Simone Weil — conclui Thibon —, depois de ter vislumbrado o absoluto, às vezes cambaleava enquanto, ainda deslumbrada, voltava ao relativo.

> Mas não a culpamos por isso. É fácil para os habitantes do vale manterem o equilíbrio; a estreiteza do seu horizonte garante a estabilidade da sua sabedoria. Mas a vertigem é o privilégio e o preço da altitude.[20]

Cabe a nós, pacientes, lidar com a vertigem da altitude na qual somos arrebatados quando lemos Simone Weil. Dar tempo ao tempo: ler este livro sem pressa, conviver com ele, colher as romãs quando elas surgem e fazer o exercício de aceitá-las, por mais estranhas que às vezes possam parecer. Na sua estranheza, no incômodo que causam, essas romãs revelam também uma beleza inédita, um poder mágico. E quanto mais tempo levam para amadurecer (elas nunca ficam podres), mais as romãs nutrem, mais sabor elas têm.

## Notas

1. Agradeço a Marina Cartum, Miguel Nassif e Sofia Nestrovski, pelas leituras e comentários valiosos.
2. Gustave Thibon e J.-M. Perrin, *Simone Weil telle que nous l'avons connue*. Paris: La Colombe, 1952. A citação completa é a seguinte, em tradução minha: "A rigidez desajeitada aparecia até no seu porte físico: suas atitudes, seus gestos e o tom de sua voz eram cheios dela. A maneira como ela segurava os pratos ao lavar a louça, tão cuidadosa quanto antinatural, era suficiente para me provocar ataques de riso irresistíveis".
3. Essas descrições foram citadas por Ecléa Bosi em sua apresentação ao livro *A condição operária e outros escritos sobre a opressão*, de Simone Weil (Seleção e apresentação de Ecléa Bosi. Rio de Janeiro: Paz e Terra, 1979).
4. Essa e as próximas citações são de Gustave Thibon, no livro *Simone Weil telle que nous l'avons connue* (op. cit.).
5. Georges Bataille, *Le Bleu du ciel*. Paris: Gallimard, 1991.
6. Carta a uma aluna. In: Simone Weil, *A condição operária*

*e outros escritos sobre a opressão*. Seleção e apresentação de Ecléa Bosi. Rio de Janeiro: Paz e Terra, 1979.

7. Susan Sontag, "Simone Weil". *The New York Review of Books*, fev. 1963.
8. Albert Camus foi o editor de diversas obras póstumas de Simone Weil, pela Coleção Espoir, da editora Gallimard. Essa anedota do dia em que recebeu o prêmio Nobel é contada por Simon Leys no texto "In the Light of Simone Weil", presente no livro de Simone Weil traduzido por ele: *On the Abolition of All Political Parties* (Nova York: New York Review of Books, 2014).
9. Patti Smith, *Devoção*. Tradução de Caetano W. Galindo. São Paulo: Companhia das Letras, 2017.
10. George Steiner, *Nenhuma paixão desperdiçada*. Tradução de Maria Alice Máximo. São Paulo: Record, 2018.
11. A carta está citada na íntegra no prefácio de Gustave Thibon a este livro.
12. Simone Weil em carta a J.-M. Perrin. In: Simone Weil, *L'Attente de Dieu*. Paris: Seuil, 1977.
13. Simone Weil em carta a Gustave Thibon, citada no prefácio a este livro.
14. Prefácio de T.S. Eliot a *The Need For Roots*, de Simone Weil (Londres: Routledge, 2001).
15. William Shakespeare, *Rei Lear*. Tradução de Rodrigo Lacerda. São Paulo: Editora 34, 2022.
16. Carta de 4 de agosto de 1943. In: Simone Weil, *Écrits de Londres et dernières lettres*. Paris: Gallimard, 1957.
17. Simone Weil, *A condição operária e outros escritos sobre a opressão*. Seleção e apresentação de Ecléa Bosi. Rio de Janeiro: Paz e Terra, 1979.
18. Simone Pétrement, *La Vie de Simone Weil*. Paris: Fayard, 2018.
19. Carta à mãe, de 18 de julho de 1943. In: Simone Weil, *Écrits de Londres et dernières lettres*. Paris: Gallimard, 1957.
20. Gustave Thibon e J.-M. Perrin. Op. cit.

# Postscriptum, cinquenta anos depois

GUSTAVE THIBON

O que eu poderia acrescentar a essas linhas que datam de quase meio século atrás?

Luz para o espírito e alimento para a alma, a obra de Simone Weil não precisa ser "atualizada", pois emana do topo do ser que paira sobre todos os tempos e todos os lugares. Como datar um pensamento de Platão ou de Marco Aurélio, um verso de Ésquilo ou o grito de um herói de Shakespeare? É também assim, por excelência, com Simone Weil. A verdadeira luz não desbota, e as verdadeiras fontes nunca precisam ser renovadas.

E dizer atemporal é dizer também universal. O fato de eu ter tido o privilégio imerecido de apresentar ao público o primeiro livro de Simone Weil me rendeu inúmeros depoimentos vindos dos quatro cantos do mundo. E o que mais me tocou nesses depoimentos é que eles vinham dos seres das mais diversas origens, classes sociais, meios culturais etc., e que todos foram igualmente marcados até o fundo da alma pela leitura de uma obra na qual encontraram a revelação de uma verdade interior que, até aquele momento, tinha sido apenas esperada em vão.

No crepúsculo de um século em que a aceleração da história fez tantos ídolos surgirem e tombarem, este livro aparece cada vez mais como uma mensagem de eternidade dirigida ao homem eterno, esse "vazio capaz de Deus", escravo do peso, liberto pela graça.

Dezembro de 1990

# Prefácio

GUSTAVE THIBON

Em junho de 1941, recebi de R. P. Perrin, um amigo dominicano que na época vivia em Marselha, uma carta que não guardei, mas que substancialmente continha o seguinte: "Conheci aqui uma jovem israelita, professora de filosofia e militante de extrema esquerda, que, depois de ter sido expulsa da Universidade pelas leis raciais, gostaria de trabalhar por um tempo no campo, ajudando na fazenda. Uma experiência como essa teria de ser, a meu ver, controlada, e eu ficaria feliz se você pudesse receber essa jovem em sua casa". Meu primeiro reflexo foi negativo. Mas, logo depois, o desejo de acolher a proposta de um amigo e de não afastar uma alma que o destino colocava em meu caminho, a aura de simpatia por causa das perseguições que começavam a acontecer e que rondavam os judeus naquele momento e, além disso tudo, certa curiosidade me fizeram repensar esse primeiro movimento.

Alguns dias depois, Simone Weil desembarcava em minha casa. Nossos primeiros contatos foram cordiais, mas difíceis. No plano concreto, não estávamos de acordo em praticamente nada. Ela discutia indefinidamente, com uma voz inflexível e monótona, e eu saía desgastado dessas reuniões insolúveis. Para suportá-la, eu me armava de paciência e cortesia. Mas depois, graças ao privilégio da vida comum, aos poucos passei a perceber que esse lado impossível de seu caráter, longe de ser a expressão de sua natureza profunda, traduzia apenas o eu exterior e social. As posições respectivas do ser e do parecer estavam invertidas no caso dela: ao contrário da maioria dos homens, ela ganhava infinitamente quando a conhecíamos numa atmosfera de intimidade; ela exteriorizava, com uma espontaneidade amedrontadora, o lado desagradável de sua natureza, mas precisava de muito tempo, muito afeto e muito pudor vencido para manifestar o que tinha de melhor. Naquele momento, ela começava a se abrir com toda a alma ao cristianismo, e um misticismo preciso emanava dela: eu nunca voltei a encontrar, em um ser humano, uma familiaridade como essa com os mistérios religiosos; nunca a palavra do sobrenatural surgiu tão plena de realidade quanto no contato com ela.

Esse misticismo nada tinha em comum com as especulações religiosas sem comprometimento pessoal que costumam ser o único testemunho dos intelectuais em relação às coisas de Deus. Ela conhecia, ela vivia a distância desesperadora entre "saber" e "saber com toda a alma", e sua vida não tinha nenhum outro propósito além de abolir essa distância. Assisti ao desenrolar cotidiano de sua existência por tempo suficiente para não conservar a menor dúvida em relação à autenticidade de sua vocação espiritual: a fé e o desapego encarnavam em todos os seus atos, às vezes com um irrealismo desconcertante, mas sempre com uma absoluta generosidade. Seu ascetismo poderia parecer exagerado em nosso século de meios-termos, no qual, para empregar a expressão de Léon Bloy, "os cristãos galopam moderadamente em direção ao martírio" (de fato, que escândalos as excêntricas penitências de alguns santos da Idade Média não causariam hoje em dia?); um ascetismo que, apesar de tudo, era puro de qualquer exaltação sensível, e nenhuma incompatibilidade era perceptível entre o nível de sua mortificação e o de sua vida interior. Por achar a minha casa confortável demais, ela quis morar em uma velha fazenda meio em ruínas que meus sogros possuem às margens do Ródano. Todo dia, ela vinha trabalhar e, quando se dignava a comer, fazia as refeições em casa. Fraca e doente (ela tinha sofrido a vida toda de dores de cabeça intoleráveis, e uma pleurisia, contraída alguns anos antes, tinha deixado uma dura marca), trabalhava na terra com uma energia inflexível e, para se alimentar, costumava se contentar com amoras colhidas nos arbustos do caminho. Todos os meses, enviava a metade de seus tickets de alimentação a prisioneiros políticos. Já seus bens espirituais, ela os distribuía ainda mais generosamente. Toda noite, depois do trabalho, ela me explicava os grandes textos de Platão (nunca tive tempo de aprender direito o grego) com um gênio pedagógico que tornava aqueles ensinamentos tão vivos como uma criação. Aliás, ela tinha esse mesmo ardor e esse mesmo amor para ensinar os primeiros rudimentos de aritmética a um garoto com dificuldades no vilarejo. Essa sede de semear os espíritos acabava até fazendo com que ela provocasse alguns mal-entendidos divertidos. Uma espécie de igualitarismo superior fazia com que ela tomasse a própria altitude como ponto de referência universal; não havia quase nenhum espírito que ela julgasse incapaz de receber os ensinamentos mais elevados. Eu me lembro de uma jovem operária lorena em quem ela acreditou adivinhar uma vocação intelectual e a quem alimentava longamente com esplêndidos comentários sobre os Upanixades. A pobre criança se entediava mortalmente, mas se calava por timidez e cortesia...

Na intimidade, ela era uma companheira encantadora e espirituosa: manejava as brincadeiras sem mau gosto e a ironia sem maldade. Sua erudição extraordinária, assimilada tão profundamente que era difícil distingui-la da expressão de sua vida interior, conferia uma atração inesquecível à maneira como ela conversava. Tinha, entretanto, um grave defeito (ou uma rara qualidade, dependendo do ponto de vista): recusar toda concessão às necessidades ou às conveniências da vida social. Ela sempre dizia tudo o que pensava a todo mundo, em qualquer circunstância. Essa sinceridade, que provinha, antes de qualquer coisa, de um profundo respeito para com as almas, lhe valeu várias desventuras; a maior parte delas foi engraçada, mas algumas por pouco não viraram trágicas, numa época em que não era recomendado sair espalhando verdades por aí.

Não é o caso de estabelecer aqui o balanço das fontes históricas do seu pensamento e das influências que ela pode ter tido. Além do Evangelho, do qual se alimentava todos os dias, ela tinha uma profunda veneração pelos grandes textos hindus e taoistas, por Homero, pelos trágicos gregos e, sobretudo, por Platão, que ela interpretava em um sentido fundamentalmente cristão. Em contrapartida, odiava Aristóteles, em quem via o primeiro coveiro da grande tradição mística. São João da Cruz na ordem religiosa, Shakespeare, alguns poetas místicos ingleses e Racine na ordem literária foram igualmente marcantes para ela. Entre os contemporâneos, não vejo muitos além de Paul Valéry e Koestler em *Testamento espanhol*, de quem ela me falou com admiração pura. Suas preferências, tanto quanto as exclusões, eram abruptas e peremptórias. Ela acreditava com veemência que a criação verdadeiramente genial exigia um nível superior de espiritualidade e que não era possível esperar pela expressão perfeita sem ter atravessado severas purificações interiores. Essa preocupação com a pureza e com a autenticidade íntimas a tornava impiedosa em relação a todos os autores em quem ela detectasse a menor busca pelo efeito, o mais leve elemento de insinceridade ou de empolamento: Corneille, Hugo, Nietzsche. Só contava para ela o estilo perfeitamente despojado, tradução da nudez da alma. "O esforço de expressão", ela me escrevia, "não está somente na forma, mas no pensamento e no ser interior inteiro. Se a nudez de expressão não é atingida, o pensamento tampouco terá tocado a verdadeira grandeza, nem mesmo se aproximado dela... A verdadeira maneira de escrever é escrever como se traduz. Quando traduzimos um texto escrito em uma língua estrangeira, não buscamos acrescentar algo a ele; temos, ao contrário, um escrúpulo religioso para não acrescentar nada. É assim que temos que tentar traduzir um texto não escrito."

Depois de ter passado algumas semanas comigo, acreditando que tinha sido tratada com cuidado demais, ela decidiu ir trabalhar em outra fazenda — para que, desconhecida em meio aos desconhecidos, pudesse compartilhar o destino dos verdadeiros operários agrícolas. Fiz com que ela fosse contratada pelo grupo de vindimadores de um grande proprietário do vilarejo vizinho. Ela trabalhou ali durante mais de um mês com uma constância heroica, se recusando sempre, apesar da fraqueza e da falta de hábito, a ficar menos tempo no trabalho do que os robustos camponeses que a rodeavam. Suas dores de cabeça eram tão fortes que ela às vezes tinha a impressão de trabalhar dentro de um pesadelo. "Um dia", ela me confessou, "me perguntei se não estava morta e se não tinha caído no inferno sem perceber, e se o inferno não consistia em vindimar eternamente..."

Depois de viver essa última experiência, voltou para Marselha, onde seus pais, expulsos de Paris pela invasão, residiam provisoriamente. Eu ia vê-la de vez em quando em seu pequeno apartamento em frente à Praia dos Catalães, com uma vista infinita do horizonte esplêndido do mar. Enquanto isso, seus pais preparavam a partida para os Estados Unidos. O apego à pátria infeliz e a sede de compartilhar do destino dos amigos perseguidos fizeram com que ela hesitasse por muito tempo, sem saber se devia seguir os pais. Por fim, decidiu partir, com a esperança de lá encontrar facilidades para ir à Rússia ou à Inglaterra. Eu a vi pela última vez no começo de maio de 1942. Ela me trouxe, na estação, uma pasta cheia de papéis, pedindo para que eu os lesse e cuidasse deles durante seu exílio. Ao deixá-la, eu lhe disse, brincando, tentando esconder minha emoção: "Até a volta, neste mundo ou em outro!". Ela subitamente se tornou grave e respondeu: "No outro mundo não vamos mais nos rever". Ela queria dizer que os limites que constituem o nosso "eu empírico" vão se abolir na unidade da vida eterna. Eu a olhei por um momento, enquanto se afastava na rua. Não iríamos nos rever mais: os contatos do eterno no tempo são assombrosamente efêmeros.

Voltando para casa, folheei os manuscritos de Simone Weil: uma dezena de cadernos grossos nos quais ela registrava o dia a dia de seus pensamentos, entremeados de citações em todas as línguas e de anotações estritamente pessoais. Até então, eu só tinha lido dela alguns versos e os trabalhos sobre Homero publicados nos *Cahiers du Sud* sob o pseudônimo anagramático de Emile Novis. Todos os textos que podem ser lidos a seguir são tirados desses cadernos. Tive tempo de escrever novamente para Simone Weil para manifestar a emoção em que essas páginas me mergulharam. De Orã, ela me enviou a seguinte carta — que, apesar do tom pessoal, me permito citar integralmente, já que explica e justifica a publicação deste livro:

> Querido amigo, parece que agora chegou o momento de dizer adeus. Será difícil continuar recebendo notícias suas. Espero que o destino poupe essa casa em Saint-Marcel, onde vivem três seres que se amam. Isso é algo tão precioso. A existência humana é uma coisa tão frágil e exposta que eu não consigo amar sem tremer. Nunca consegui realmente me resignar com o fato de que todos os seres humanos além de mim não sejam completamente preservados de toda possibilidade de infelicidade. Isso é uma infração grave ao dever de submissão à vontade de Deus.
>
> Você me diz que encontrou, em meus cadernos, além das coisas que tinha pensado, outras que não tinha pensado, mas que esperava; elas pertencem a você agora, e

espero que, depois de terem sofrido uma transmutação em você, apareçam um dia em uma de suas obras. Pois é certamente preferível que uma ideia una a própria sorte à sua do que à minha. Sinto que a minha, aqui embaixo, nunca será boa (não é que eu acredite que ela será melhor em outro lugar: não posso acreditar nisso). Eu não sou alguém com quem é bom unir o próprio destino. Os seres humanos sempre pressentiram mais ou menos isso, mas, não sei por que mistério, as ideias parecem ter menos discernimento. Não desejo mais nada para as ideias que vieram até mim além de um bom estabelecimento, e ficarei muito feliz se elas se alojarem sob a sua caneta, mudando de forma, para refletir a sua imagem. Isso irá diminuir um pouco, para mim, o sentimento da responsabilidade e o peso esmagador do pensamento de que eu sou incapaz, por causa dos meus diversos defeitos, de servir à verdade tal qual ela me aparece — já que ela se digna, acredito, a se deixar às vezes ser percebida por mim, por um excesso inconcebível de misericórdia. Imagino que você receba tudo isso com a mesma simplicidade com que eu digo. Para quem ama a verdade, na operação de escrever, a mão que segura a caneta e o corpo e a alma que estão ligados a ela, com todo seu invólucro social, são coisas de uma importância infinitesimal. Infinitamente pequenos de enésima ordem. É ao menos essa a medida de importância que eu dou, em relação a essa operação, não somente à minha pessoa, mas também à sua e à de qualquer escritor que estimo. A pessoa daqueles que desprezo é o que conta, mais ou menos, para mim nesse domínio.

Não sei se eu disse, em relação a esses cadernos, que você pode ler as passagens que quiser a quem quiser, mas que não deve deixar nenhum deles nas mãos de ninguém... Se, por três ou quatro anos, você não ouvir falar de mim, considere que tem completa propriedade sobre eles.

Digo tudo isso para partir com o espírito mais livre. Lamento apenas não poder confiar a você tudo o que ainda tenho comigo e que não está desenvolvido. Mas, felizmente, o que está dentro de mim ou não tem valor, ou então reside fora de mim, em uma forma perfeita, num lugar puro onde não pode sofrer nenhuma ofensa, e de onde sempre pode voltar a descer. Por isso, nada do que me concerne pode ter qualquer importância.

Gosto de acreditar também que, depois do leve choque da separação, seja o que for que aconteça comigo, você não sentirá nenhuma dor por causa disso; e que, se por acaso você pensar em mim de vez em quando, será como pensar num livro que foi lido na sua infância. Não quero nunca ocupar qualquer outro lugar além desse no coração dos seres que amo, para assim ter certeza de que nunca vou lhes causar tristeza alguma.

Não esquecerei a generosidade que fez com que você me dissesse e me escrevesse essas palavras tão calorosas, mesmo quando, como no meu caso, não é possível acreditar nelas. Mas elas não deixam de ser um apoio. Até demais, talvez. Não sei se poderemos ter notícias um do outro por muito mais tempo. Mas temos que pensar que isso não tem importância...

Simone Weil ainda me escreveu de Casablanca e, depois, uma última vez, de Nova York. A ocupação da zona livre pelos alemães suspendeu, em seguida, a nossa correspondência. Em novembro de 1944, quando eu esperava sua volta à França, soube por amigos em comum que ela tinha morrido em Londres um ano antes.

Nascida em Paris em 1909, foi aluna de Alain[1] e entrou muito jovem na Escola Normal Superior; passou brilhantemente a *agrégation*[2] em filosofia. Em seguida, deu aula em diversas escolas e, muito cedo, se embrenhou na política. Não preciso dizer que suas convicções revolucionárias, manifestadas sem a menor preocupação com as conveniências profissionais ou mundanas, lhe causaram alguns aborrecimentos administrativos, que ela recebia com um desprezo transcendente. Quando um inspetor-geral a ameaçava com sanções que, no limite, provocariam sua revogação, ela sorria e respondia: "Senhor inspetor, eu sempre considerei a revogação como a coroação normal da minha carreira". Ela militou em posições de extrema esquerda, mas nunca aderiu a nenhuma formação política, se limitando a defender os fracos e os oprimidos, quaisquer que fossem o seu partido e raça. Como queria compartilhar ao máximo do destino dos pobres, pediu afastamento e encontrou trabalho nas usinas Renault — onde, sem revelar a ninguém sua qualificação, trabalhou durante um ano com fresadoras. Alugou um quarto num bairro operário e vivia unicamente do magro produto de seu trabalho. Uma pleurisia veio interromper essa experiência. Durante a Guerra Civil Espanhola, se engajou com os Vermelhos, mas, por estar decidida a nunca pegar em armas, foi antes uma animadora do que uma combatente. Um acidente físico (ela, inadvertidamente, ferveu os próprios pés) fez com que tivesse que voltar à França. Nessas circunstâncias trágicas, como em toda a sua vida, seus pais, aos quais era ternamente ligada, mas que eram torturados por suas loucuras heroicas, a cercaram de cuidados constantes que, com certeza, retardaram o desfecho dessa existência que nenhuma impureza retinha aqui embaixo. "Essa força que os Karamázov tiram da baixeza de sua natureza", e que mantém o homem colado à terra, estranhamente não existia nela...

Antes de evocar a atitude de Simone Weil durante os eventos que, entre 1940 e 1944, dividiram os franceses de maneira tão profunda, tenho que destacar que seria injurioso à sua memória que o conteúdo eterno e transcendente de sua mensagem fosse interpretado no sentido da atualidade política e misturado às querelas dos partidos. Nenhuma facção ou ideologia social tem o direito de reivindicar por ela. Seu amor pelo povo e seu ódio por toda opressão não são suficientes para incluí-la nos partidos de esquerda; sua negação do progresso e seu culto à tradição tampouco autorizam classificá-la à direita. Nos engajamentos políticos, ela tinha a mesma paixão que em todas as coisas que fazia, mas, longe de transformar uma ideia, uma nação ou uma classe em um ídolo, ela sabia que o social é, por excelência, o domínio do relativo e do mal (como ela dizia, "contemplar o social constitui uma purificação tão eficiente quanto se retirar do mundo, e é por isso que eu não estava errada ao me manter próxima da política por tanto tempo"), e que, nessa ordem, o dever da alma sobrenatural não consiste em abraçar fanaticamente um partido, mas em tentar de maneira constante restabelecer o equilíbrio, mantendo-se do lado dos vencidos e dos oprimidos. Foi assim que, apesar da aversão pelo comunismo, ela quis partir para a Rússia quando esse país sangrava sob a bota alemã. Essa noção de contrapeso é essencial para sua concepção da atividade política e social: "Se soubermos qual é o ponto no qual a sociedade está desequilibrada, precisamos fazer tudo o que for possível para colocar mais peso no prato mais leve. Mesmo que o peso seja o mal, se o manipularmos com essa intenção, talvez não nos maculemos. Mas temos que ter concebido o equilíbrio e estar sempre prontos para mudar de lado, como a justiça, 'essa fugitiva do campo dos vencedores'".

Tal estado de espírito a inclinou, desde o armistício, para esse movimento tão diverso por suas origens e por seus fins que hoje é designado pelo nome global de Resistência. Antes de partir para a América, ela se desentendeu com a polícia do Estado francês, e não restam dúvidas sobre qual teria sido o seu destino se ela tivesse permanecido na França na época das grandes invasões da Gestapo. Quando chegou aos Estados Unidos, fez de tudo para se alistar nas forças da Resistência. Depois de partir para

Londres, em novembro de 1942, trabalhou ali por algum tempo, sob os serviços de Maurice Schumann. Sem poder se expor aos perigos que ameaçavam os franceses, ela quis compartilhar pelo menos das privações, e se forçou a só consumir rigorosamente a quantidade de comida concedida na França pelos tickets de racionamento. Esse regime acabou de vez com a sua saúde já vacilante, e ela logo teve que ser internada. Sofreu muito no hospital por se tornar objeto de cuidados especiais. Eu já tinha constatado em minha casa esse traço de caráter: ela tinha horror de ser colocada em uma situação privilegiada e se esquivava selvagemente de toda solicitude que a elevasse acima do nível comum. Só se sentia à vontade no último nível da escala social, confundida com a massa de pobres e deserdados deste mundo. Conduzida para o campo, foi ali que morreu, após demonstrar certa alegria por rever a natureza. Não conheço nenhum detalhe sobre o seu fim. "A agonia", dizia ela, "é a suprema noite escura de que até mesmo os perfeitos precisam para alcançar a pureza absoluta, e, para isso, é melhor que seja amarga." Eu me atrevo a acreditar que sua vida foi dura o suficiente para que a graça de uma morte tranquila lhe tenha sido concedida.

Os textos de Simone Weil pertencem à categoria das obras grandiosas, que um comentário só pode enfraquecer ou trair. Minha única razão para apresentar estes textos é que a minha amizade com a autora e as longas conversas que tivemos juntos desobstruem para mim o acesso ao seu pensamento e me permitem reposicionar com mais facilidade algumas fórmulas muito abruptas, ou pouco elaboradas, em sua luz exata e no seu contexto orgânico. É preciso ter em mente que, na verdade, assim como em Pascal, trata-se aqui de simples pedras de espera,[3] colocadas dia após dia, às vezes com pressa, em vista de uma construção mais completa que, infelizmente, nunca aconteceu.

Estes textos são nus e simples[4] como a experiência interior que traduzem. Não há nenhum estofamento que se interponha aqui entre a vida e o verbo: a alma, o pensamento e a expressão constituem um bloco sem fissuras. Mesmo se eu não tivesse conhecido Simone Weil pessoalmente, só o seu estilo já teria garantido para mim a autenticidade desse depoimento. Antes de qualquer coisa, o que impressiona nesses pensamentos é a polivalência de suas possíveis aplicações; sua simplicidade simplifica tudo o que tocam; eles nos transportam para aqueles topos do ser de onde, com um só olhar, a vista alcança uma infinidade de horizontes sobrepostos. "Precisamos", ela dizia, "acolher todas elas [as opiniões], mas dispondo-as verticalmente e acomodando-as em níveis convenientes." E também: "Tudo o que é suficientemente real para guardar uma sobreposição de interpretações é inocente ou bom". Esse sinal da grandeza e da pureza se encontra em cada página de sua obra.

Vejam, por exemplo, este pensamento que liquida a eterna querela do otimismo e do pessimismo, que Leibniz não soube resolver: "Entre a criatura e Deus, há todas as gamas de distância. Uma distância em que o amor de Deus é impossível. Matéria, plantas, animais. O mal, nessa distância, é tão completo que ele se destrói; já não existe mal: espelho da inocência divina. Nós estamos no ponto em que o amor é apenas possível. É um grande privilégio, pois o amor que une é proporcional à distância. Deus criou um mundo que não é o melhor possível, mas que comporta todos os graus de bem e de mal. Nós estamos no ponto em que ele é o pior possível. Pois, para além desse ponto, há o grau em que o mal se torna inocência".

Ou este outro, que esclarece o problema do mal até nos segredos do amor divino: "Todas as coisas criadas se recusam a serem fins para mim. Essa é a extrema misericórdia que Deus tem comigo. E é exatamente isso que é o mal. O mal é a forma que a misericórdia de Deus adquire neste mundo". E esta contestação abrupta e definitiva de todos os pensadores que, como um Schopenhauer ou um Sartre, se tornam fundamentalmente pessimistas por causa da presença do mal no mundo: "É absurdo dizer que o mundo não vale nada, que essa vida não vale nada, e dar como prova disso o mal, pois, se tudo isso não vale nada, do que é então que o mal nos priva?".

Ou então esta lei de inserção do superior no inferior, assim formulada: "Toda ordem que é transcendente a outra só pode se inserir nela na forma de algo infinitamente pequeno", que completa e aprofunda a lei das três ordens de Pascal. O mundo da vida aparece, de fato, como algo infinitamente pequeno no mundo material: o que representam os seres vivos se comparados à massa do planeta ou, até, do cosmos? Assim é também o mundo do espírito em relação ao mundo da vida: existem na Terra pelo menos 500 mil espécies vivas, das quais apenas uma possui *il ben dell'intelletto*. Já o mundo da graça representa, por sua vez, algo infinitamente pequeno na massa de nossos pensamentos e de nossas afeições profanas: as imagens evangélicas da levedura e do grão de mostarda dão testemunho suficiente desse "caráter infinitesimal do bem puro".

Toda a obra de Simone Weil é movida e impregnada por um imenso desejo de purificação interior, que se revela até na sua metafísica e na sua teologia. Como ela tende, com toda a alma, em direção a um bem puro e absoluto, do qual nada aqui embaixo pode provar a existência, mas que sente ser mais real do que tudo o que existe dentro e ao redor de si, ela tenta assentar a fé que tem nesse ser perfeito sobre uma base que não pode ser abalada por nenhum golpe do destino ou da infelicidade, nenhuma agitação da matéria ou do espírito. Para isso é importante, antes de tudo, eliminar da vida interior todas as formas de ilusão e compensação (piedade imaginativa, "consolos" religiosos, fé não decantada na imortalidade do eu etc.) que, com muita frequência, usurpam o nome de Deus e que, na verdade, são apenas refúgios para nossa fraqueza ou nosso orgulho: temos que "prestar atenção no nível em que colocamos o infinito. Se o colocarmos no nível no qual o que convém é só o finito, pouco importa o nome com que ele for chamado".

A criação reflete Deus por sua beleza e harmonia, mas, pelo mal e pela morte que a habitam e pela insensível necessidade que a rege, a criação revela também a ausência de Deus. Nós saímos de Deus: isto significa que carregamos a sua marca e significa igualmente que estamos separados dele. A etimologia da palavra "existir" (ser colocado para fora) é muito esclarecedora nesse sentido: nós existimos, não somos. Deus, que é o Ser, de certa maneira se apagou para que nós pudéssemos existir; ele renunciou a ser tudo para que nós fôssemos alguma coisa; ele se privou, em nosso favor, de sua necessidade, que se confunde com o bem, para deixar reinar uma outra necessidade estrangeira e indiferente ao bem. A lei central deste mundo, do qual Deus se retirou pelo próprio ato de criação, é a lei do peso que se encontra analogicamente em todos os estágios da existência. O peso é a força "deífuga" por excelência. Ele impele cada criatura a procurar tudo o que pode conservá-la ou fazê-la aumentar e, seguindo a palavra de Tucídides, a exercer todo poder do qual é capaz. Psicologicamente, ele se traduz em todas as forças móveis de afirmação ou de restituição do eu, por todos os subterfúgios subterrâneos (mentira interior, evasão no sonho e os falsos ideais, intrusões imaginárias no passado e no futuro etc.) que empregamos para consolidar por dentro a nossa existência abalada, ou seja, para nos mantermos exteriores e opostos a Deus.

Simone Weil coloca o problema da salvação nos seguintes termos: "Como escapar daquilo que, em nós, se parece com o peso?". Unicamente pela graça. Deus, para chegar até nós, atravessa a espessura infinita do tempo e do espaço; sua graça não alterna em nada os jogos cegos da necessidade e do acaso que conduzem este mundo: ela penetra nossas almas à maneira da gota d'água que se insinua através das camadas geológicas sem modificar sua estrutura e ali espera em silêncio pelo nosso consentimento de voltar a ser Deus. O peso era a lei da criação; o trabalho da graça consiste em nos "descriar". Por amor, Deus consentiu não ser mais tudo para que nós fôssemos alguma coisa; por amor, temos que consentir não sermos mais nada para que Deus volte a ser tudo. Trata-se, portanto, de abolir o eu em nós, essa "sombra projetada pelo pecado e pelo erro que interrompem a luz de Deus, e que considero um ser". Fora dessa humildade total, desse consentimento incondicional a não ser nada, todas as formas de heroísmo e de imolação ficam submetidas ao peso e à mentira. "A única coisa que podemos oferecer é o eu, e tudo o que chamamos de oferenda é apenas um rótulo, atrás do qual está uma revanche do eu."

Para matar o eu, é preciso se expor nu e sem defesas a todas as feridas da vida, aceitar o vazio, o desequilíbrio, nunca procurar compensações para a infelicidade e, principalmente, suspender em si o trabalho da imaginação "que trabalha continuamente para tapar todas as fissuras por onde a graça poderia passar". Todos os pecados são tentativas de fugir do vazio. É preciso também renunciar ao passado e ao futuro, pois o eu não é mais do que uma concreção do passado e do futuro em torno de um presente sempre falho. A memória e a esperança suprimem o efeito benéfico da infelicidade abrindo um campo ilimitado para elevações imaginárias (eu era, eu serei...), mas é a fidelidade ao instante presente que realmente reduz o homem a nada e que abre para ele, assim, as portas da eternidade.

O eu deve ser morto de dentro para fora, pelo amor. Mas ele pode ser morto também de fora para dentro, pelo extremo sofrimento e pela abjeção. Há vagabundos e prostitutas que não têm mais amor-próprio do que os santos e cuja vida inteira se limita ao momento presente. Esse é o drama da abjeção: o que torna seu caráter irreparável não é o fato de ela destruir um eu precioso, já que ele é feito para ser destruído, mas o fato de que ela impede Deus de destruí-lo por si mesmo, de que ela priva a sua presa do amor que eterniza.

Simone Weil distingue com severidade essa imolação sobrenatural de todas as formas da grandeza e do heroísmo humanos. Deus, aqui embaixo, é o ser mais fraco e mais desprovido; seu amor não é como o dos ídolos, que preenche a parte carnal da alma. Para ir até ele, temos que penar em vão, recusar toda embriaguez da paixão e do orgulho que esconde o mistério horrível da morte e nos deixarmos guiar unicamente por esse "pequeno sopro" de que fala a Bíblia, que não é percebido pela carne e pelo eu. "Dizer a Cristo", como são Pedro: "'eu permanecerei fiel' — isso já é negá-lo, pois seria supor que a fonte da fidelidade está em si mesmo, e não na graça. Felizmente, como ele era um eleito, essa negação se tornou manifesta para ele e para todos. Mas quantos outros se gabam da mesma forma — e eles nunca compreendem." Para quem é forte, é fácil morrer, pois a participação da força nos enche de uma embriaguez estupeficante. Mas, para quem é fraco, morrer é sobrenatural: milhares de homens souberam morrer heroicamente por Napoleão, enquanto Cristo agonizante foi abandonado por seus discípulos (o sacrifício foi mais fácil para os mártires depois disso, pois eles já eram sustentados pela força social da Igreja). "O amor sobrenatural não tem nenhum contato com a força, mas tampouco protege a alma contra o frio da força, o frio do ferro. Só um apego terrestre, se contiver energia suficiente, pode proteger contra o frio do ferro. A armadura é feita de metal, como a espada. [...] Se o que desejamos é um amor que proteja a alma das feridas, temos que amar algo diferente de Deus."

O herói usa uma armadura; o santo está nu. Ora, a armadura, ao mesmo tempo que preserva dos golpes, também impede o contato direto com o real e, principalmente, o acesso à terceira dimensão, que é a do amor sobrenatural. Para que as coisas realmente existam para nós, elas precisam nos penetrar. Daí a necessidade de estar nu: nada pode entrar em nós se a armadura nos proteger tanto contra as feridas quanto contra a profundidade que as feridas proporcionam. Todo pecado é um atentado contra a terceira dimensão, uma tentativa de conduzir um sentimento que quer penetrar nas profundezas ao plano do irreal, do indolor. Esta é uma lei rigorosa: quanto mais reduzimos em nós mesmos a comunhão íntima e direta com o real, mais diminuímos nosso próprio sofrimento. No limite, a vida se espalha inteira na superfície: não sofremos mais do que se estivéssemos sonhando, pois a existência, quando reduzida a duas dimensões, se torna rasa como um sonho. O mesmo ocorre com os consolos, as ilusões, as bravatas e todas as reações compensatórias com as quais tentamos preencher os vazios que a ferida do real cava dentro de nós. Todo vazio, todo oco, na verdade, implica a presença da terceira dimensão; não é possível adentrar uma superfície, e tapar um vazio equivale a se refugiar, a se isolar na superfície. O adágio da velha física — "A natureza tem horror ao vazio" — se aplica rigorosamente à psicologia. Mas é precisamente desse vazio que a graça precisa para entrar em nós.

Esse processo de "descriação", que é a única via da salvação, é obra da graça, e não da vontade. O homem não se elevará ao céu puxando os próprios cabelos. A vontade só é boa para as tarefas servis: ela assegura o exercício correto das virtudes naturais, que são pré-requisitos para o trabalho da graça — como o esforço do trabalhador na semeadura. Mas o germe divino vem de outro lugar... Como Platão e Malebranche, Simone Weil atribui, nesse domínio, muito mais importância à atenção do que à vontade. "Devemos ser indiferentes tanto ao bem quanto ao mal, mas sendo indiferentes, ou seja, projetando a luz da atenção sobre um e sobre o outro na mesma medida, o que prevalece, por um fenômeno automático, é o bem." É precisamente esse automatismo superior que deve ser criado; para obtê-lo, não adianta tensionar o próprio eu e "forçar seu talento" para fazer o bem (nada é mais degradante do que uma ação elevada que foi realizada com um estado inferior de alma), mas, pela força do apagamento e do amor, deve-se atingir esse estado de docilidade perfeita para a graça, de onde o bem emana espontaneamente. "A ação é a agulha indicadora da balança. Não devemos tocar na agulha, mas no peso." Infelizmente, é mais fácil desregular a agulha do que modificar o próprio peso nessa "balança de ouro de Zeus".

A atenção religiosa nos eleva, então, para cima do "delírio dos contrários" e da escolha entre o bem e o mal. "A escolha é uma noção de baixo nível." Enquanto eu balanço entre fazer e não fazer uma má ação (por exemplo, possuir ou não essa mulher que se oferece para mim, trair ou não esse amigo), mesmo que tiver escolhido o bem, praticamente não me elevo sobre o mal que estou repelindo. Para que minha "boa" ação seja realmente pura, tenho que dominar essa oscilação miserável, e o bem que realizo do lado de fora tem que ser a tradução exata de minha necessidade interior. É nesse sentido que a santidade se parece com a abjeção:[5] assim como um homem muito vil não hesita em possuir uma mulher quando escuta sua paixão, ou em trair um amigo se seu interesse o exige, também um santo não tem o que escolher para se manter puro e fiel; ele não pode agir de outra maneira; vai para o bem como a abelha vai para a flor. O bem que escolhemos ao pesá-lo na balança junto do mal não tem muito valor além do social; aos olhos Daquele que vê no segredo, ele procede das mesmas forças móveis e reveste a mesma vulgaridade que o mal. Daí o parentesco que costuma ser constatado entre certas formas da "virtude" e o pecado correlativo; roubo e respeito burguês da propriedade, adultério e "mulher honesta", poupança e desperdício etc. O verdadeiro bem não se opõe ao mal (para que haja uma oposição direta, as coisas precisam estar no mesmo nível): ele o transcende e apaga. "Aquilo que o mal viola não é o bem, pois o bem é inviolável; só um bem degradado pode ser violado."

A alma que está apegada à busca do bem puro vai se deparar, aqui embaixo, com irredutíveis contradições. A contradição é o critério do real. "Nossa vida é impossibilidade, absurdo. Cada uma das coisas que queremos é contraditória com as condições ou as consequências que estão ligadas a ela [...]. Isso porque, sendo criaturas, sendo Deus e sendo infinitamente diferentes de Deus, somos contradição." Tenham, por exemplo, inúmeros filhos: vocês irão favorecer a superpopulação e a guerra (o caso do Japão é típico nesse sentido); melhorem o destino material do povo: vocês arriscam alterar a sua alma; devotem-se inteiramente a alguém: vocês deixarão de existir para essa pessoa etc. Só o bem imaginário não comporta contradições: a jovem que deseja uma posteridade numerosa ou o reformador social que sonha com a felicidade do povo etc. não se deparam com nenhum obstáculo enquanto não passam para a ação: eles navegam de vento em popa em um bem puro, mas fictício; o choque contra o escolho é o sinal do despertar. Essa contradição, signo de nossa miséria e de nossa grandeza, deve ser aceita em toda a sua amargura. Através do absurdo, vivido e sofrido a fundo enquanto tal, deste universo em que bem e mal se misturam, nós podemos atingir o bem puro, cujo reino não é deste mundo. "É boa a ação que pode ser realizada mantendo a atenção e a intenção totalmente orientadas para o bem puro e impossível, sem deixar que nenhuma mentira oculte nem a atração, nem a impossibilidade do bem puro." No lugar de preencher com sonhos (fé em um Deus concebido como pai temporal, na ciência ou no progresso...) o abismo que se estende entre o necessário e o bem, temos que acolher os dois eixos da contradição enquanto tais e nos deixar despedaçar pela distância entre um e outro. E é nesse dilaceramento, que é como o reflexo no homem do ato criador que dilacera Deus, que encontramos a identidade original do necessário e do bem: "Este mundo, na medida em que está totalmente vazio de Deus, é o próprio Deus. A necessidade, na medida em que é absolutamente diferente do bem, é o próprio bem. É por isso que todo consolo na infelicidade afasta do amor e da verdade. Esse é o mistério dos mistérios. Quando conseguimos tocá-lo, estamos em segurança". Assim, aquele que recusa a confusão está condenado ao sofrimento. De Antígona — que é convidada pelo guardião da Cidade temporal para ir amar na terra dos mortos — à própria Simone Weil — que a injustiça humana crucificou até a tumba —, a infelicidade é o lote de todos os amantes do absoluto, que estão perdidos no relativo: "Se desejamos apenas o bem, acabamos por entrar em oposição à lei que liga o bem ao mal como objeto iluminado pela sua sombra, e, por estarmos em oposição à lei universal do mundo, não há como evitar a infelicidade". Como a alma não está completamente esvaziada de si mesma, essa sede pelo bem puro engendra o sofrimento expiatório; na alma perfeitamente inocente, ela produz o sofrimento redentor: "Ser inocente é suportar o peso do universo inteiro. É descartar o contrapeso". A pureza não abole, portanto, o sofrimento; ao contrário, ela o explora infinitamente, mas dando a ele um sentido eterno: "A extrema grandeza do cristianismo vem do fato de que ele não busca um remédio sobrenatural contra o sofrimento, mas um uso sobrenatural do sofrimento".

Esse mistério do sofrimento que "descria" o homem e o conduz a Deus encontra seu centro no mistério da encarnação. Se Deus não tivesse encarnado, o homem que sofre e morre seria, em certo sentido, maior que Deus. Mas Deus se fez homem e morreu na cruz. "Deus abandonou Deus. Deus se esvaziou: essa palavra envolve, ao mesmo tempo, a Criação e a encarnação com a Paixão... Para nos ensinar que somos não ser, Deus se fez não ser." Em outros termos, Deus se fez criatura para nos ensinar a desfazer a criatura em nós, e o ato de amor pelo qual se separou de si mesmo nos leva até ele. É na assunção da condição humana, no que ela tem de mais miserável e de mais trágico, que Simone Weil vê a essência da função mediadora de Jesus Cristo: os signos e os milagres constituem a parte humana e quase baixa de sua missão; a parte sobrenatural é a agonia, o suor de sangue, a cruz e seus vãos apelos ao céu mudo. As palavras do Redentor — "Meu Pai, por que me abandonaste?" —, que resumem todas as angústias da criatura jogada no tempo e no mal, e às quais o Pai só responde com o silêncio — essas únicas palavras são suficientes, por si mesmas, para provar a divindade do cristianismo.

No caso de Simone, essa fascinação pelo absoluto e pelo eterno não acarreta, em nenhum sentido, na desconsideração da dignidade e da necessidade dos valores temporais. Ela vê aí intermediários entre a alma e Deus, *metaxu*. "É sacrilégio destruir alguma coisa? Não o que é baixo, pois isso não tem importância nenhuma. Não o que é alto, pois por mais que tentemos, não conseguimos alcançá-lo. Mas, sim, os *metaxu*. Os *metaxu* são a região do bem e do mal. Não privar nenhum ser humano dos seus *metaxu* — ou seja, desses bens relativos e misturados (lar, pátria, tradições, cultura etc.) que aquecem e que alimentam a alma e sem os quais, exceto na santidade, uma vida *humana* não é possível." Mas esses bens relativos e misturados só podem ser tratados como tais por aqueles que, por amor a Deus, atravessaram o despojamento total; todos os outros transformam esses bens em ídolos maiores ou menores: "Só quem ama Deus com um amor sobrenatural pode ver os meios como apenas meios".

Seja o que for que ela diga sobre "a escolha, noção de baixo nível" e sobre a ineficácia absoluta do esforço voluntário no domínio sobrenatural, Simone Weil não é, por isso, levada ao quietismo. Pelo contrário, ela lembra o tempo todo que, sem um exercício assíduo e estrito das virtudes naturais, a vida mística só pode ser uma ilusão. A causa da graça reside fora do homem, mas a condição dela está no homem. O ódio de Simone Weil pela ilusão, sobretudo quando ela assume a forma de piedade sensível e de uma espécie de *Schwärmerei*[6] religioso, faz contrapeso a tudo aquilo que, numa espiritualidade tão apurada, poderia estimular a imaginação ou o orgulho. Amava repetir que, de acordo com são João da Cruz, se a inspiração nos desviar do cumprimento das obrigações fáceis e baixas, ela não vem de Deus. "Nós recebemos o dever para que possamos matar o eu..." Só podemos alcançar a verdadeira prece depois de ter usado a nossa vontade própria contra a observação das regras. Qualquer exaltação religiosa que não fosse sustentada por uma rigorosa fidelidade ao dever cotidiano seria tão suspeita para ela que as suas raras negligências, provenientes sobretudo da sua frágil santidade, no cumprimento desse dever fizeram com que ela sempre duvidasse amargamente da autenticidade de sua vocação espiritual. "Todos esses fenômenos místicos", escrevia ela no fim de sua vida, com uma humildade dilacerante, "estão absolutamente fora da minha competência. Eu não conheço nada disso. Eles estão reservados aos seres que possuem, em primeiro lugar, as virtudes morais elementares. Eu falo do que não sei. E não sou nem mesmo capaz de dizer sinceramente para mim mesma que falo do que não sei."

Simone Weil só pode ser compreendida no nível em que ela falava. Sua obra se dirige, se não a almas tão desprovidas quanto a dela, pelo menos a almas que conservam no fundo de si mesmas uma aspiração rumo ao bem puro, ao qual ela devotou sua vida e sua morte. Eu não ignoro os perigos de uma espiritualidade como essa: as piores vertigens emanam dos topos mais altos. Mas o fato de que a luz pode queimar não é razão suficiente para deixá-la escondida embaixo do tapete.

A questão aqui não é a filosofia, mas a vida. Muito longe de pretender construir um sistema pessoal, Simone Weil desejou com todas as forças estar ausente de sua obra. Seu único voto era não mais se interpor entre Deus e os homens — desaparecer para que o Criador e a criatura possam trocar seus segredos. Ela desprezava o próprio gênio, por saber muito bem que a verdadeira grandeza consiste em não ser mais nada. "Que importa a energia que há em mim, os dons? Sempre tenho o suficiente para desaparecer." Ela foi atendida: alguns de seus textos atingem essa ressonância impessoal que é o signo da inspiração suprema: "É impossível perdoar a quem nos fez mal, se esse mal nos rebaixa. Devemos pensar que ele não nos rebaixou, mas que revelou nosso verdadeiro nível". Ou então: "Se alguém me fizer mal, devo desejar, por amor a quem o infligiu, que esse mal não se degrade, para que essa pessoa não tenha realmente feito o mal". É em gritos de humildade e de amor como esses, mais do que no lado sistemático de sua obra, que Simone Weil aparece como uma pura mensageira. Eu nunca deixei de acreditar nela. Publicando estas páginas, estendo essa confiança a todas as almas que se aproximarão dela.

Todos os textos contidos neste volume foram tirados dos manuscritos que Simone Weil nos confiou pessoalmente. Eles são, assim, anteriores a maio de 1942. Trabalhos mais recentes, que os seus parentes amavelmente nos comunicaram, não puderam ganhar espaço aqui. Nós mesmos selecionamos os textos, dentro dos cadernos em que eles se misturavam com inumeráveis citações e com trabalhos filológicos e científicos. Hesitamos entre duas formas de apresentação: oferecer os pensamentos de Simone Weil um em seguida do outro, na ordem de sua composição, ou então operar uma classificação. A segunda fórmula nos pareceu preferível.

Fevereiro de 1947

## Notas

1. Alain é o pseudônimo de Émile-Auguste Chartier, filósofo e professor de filosofia que, no início do século XX, lecionava no Lycée Henri-IV e no Collège Sévigné. Ele exerceu grande influência em muitos de seus alunos — que foram, por exemplo, além de Simone Weil, Raymond Aron e André Maurois.

   Gustave Thibon escreveu diversas notas para a primeira edição deste livro. Na presente edição, indicaremos com o sinal (N. O.) todas as suas notas. As demais são da tradutora.
2. Exame competitivo conduzido pelo Estado francês para admissão de professores licenciados do equivalente ao ensino médio.
3. *Pierre d'attente*, em francês, é um termo arquitetônico que designa as pedras sobressalentes ordenadas nos muros de certas construções. Com intervalos entre elas, essas pedras servem de referência ou de encaixe para uma construção ulterior. O termo "pedras de espera" existe em português, mas é menos usual do que na língua francesa.
4. Isso explica certas repetições ou negligências de estilo que, no conjunto, respeitamos escrupulosamente. (N. O.)
5. É o postulado de Hermes: o mais alto se parece com o mais baixo — lei central do ser, da qual Simone Weil tira aplicações infinitas em toda a sua obra. Assim, a não violência dos santos se identifica exteriormente com a covardia; a suprema sabedoria resulta na ignorância; as moções da graça reproduzem as fatalidades dos instintos animais (eu me tornei como um animal de carga diante de tua face...); o desapego se parece com a indiferença etc. (N. O.)
6. "Entusiasmo", em alemão.

# O peso e a graça

# I
# O peso e a graça

Todos os movimentos *naturais* da alma são regidos por leis análogas às do peso material. A única exceção disso é a graça.

Devemos esperar que as coisas aconteçam sempre de acordo com o peso, a não ser que haja intervenção sobrenatural.

Duas forças reinam no universo: luz e peso.

*Peso*. Em geral, o que esperamos dos outros é determinado pelos efeitos do peso em nós mesmos; o que recebemos dos outros é determinado pelos efeitos do peso neles. Às vezes isso coincide (por acaso), mas normalmente não.

Por que, quando um ser humano demonstra que precisa — pouco ou muito — de outro, esse outro se afasta? Peso.

*Lear* é uma tragédia do peso. Tudo o que chamamos de baixeza é um fenômeno de peso. O próprio termo "baixeza", aliás, indica isso.

O objeto de uma ação e o nível da energia que a alimenta são coisas distintas.

É *necessário* fazer uma certa coisa. Mas de onde tirar energia para isso? Uma ação virtuosa pode se rebaixar se não houver energia à disposição nesse mesmo nível.

O baixo e o superficial estão no mesmo nível. “Ele ama de forma violenta, mas baixa”: frase possível. “Ele ama de forma profunda, mas baixa”: frase impossível.

Se for verdade que é bem mais difícil suportar o mesmo sofrimento por um motivo elevado que por um motivo baixo (as pessoas que ficavam de pé, imóveis, de uma hora da manhã até as oito para receber um ovo muito dificilmente teriam feito o mesmo para salvar uma vida humana), talvez uma virtude baixa seja, de certa forma, mais apta a resistir às dificuldades, tentações e infelicidades que uma virtude elevada. Soldados de Napoleão. Daí o uso da crueldade para manter ou levantar a moral dos soldados. Não se esquecer disso nos casos de desfalecimento.

Esse é um caso particular da lei que geralmente põe a força do lado da baixeza. O peso é, por assim dizer, um símbolo disso.

Filas por comida. Uma mesma ação é mais fácil se a causa for baixa do que se ela for elevada. As causas baixas encerram mais energia que as causas elevadas. Problema: como transferir a energia dedicada às causas baixas para as causas elevadas?

Não posso esquecer que, em certos momentos das minhas dores de cabeça, quando a crise crescia, eu tinha um desejo intenso de fazer outro ser humano sofrer, golpeando-o precisamente no mesmo ponto de sua testa.

Desejos análogos são muito frequentes nos homens.

Várias vezes, nesse estado, acabei cedendo à tentação de dizer palavras ofensivas. Obediência ao peso. O maior pecado. Corrompemos, assim, a função da linguagem, que é expressar as relações das coisas.

* * *

Atitude de súplica: devo necessariamente voltar-me para qualquer outra coisa que não seja eu mesma, já que a questão é se livrar de si mesmo.

Se eu tentasse obter essa liberação por meio de minha própria energia, seria como uma vaca que puxa a maneia e cai de joelhos.

Fazendo isso, a energia que liberaríamos em nós mesmos viria com uma violência que só iria degradá-la ainda mais. Compensação no sentido da termodinâmica, círculo vicioso cuja liberação só pode vir do alto.

A fonte da energia moral do homem, assim como a da sua energia física (comida, respiração...), está fora dele. Geralmente ele consegue encontrá-la, e é por isso que tem a ilusão — como no plano físico — de que seu próprio ser carrega consigo o princípio de sua conservação. Apenas a privação faz com que ele sinta a necessidade. E, nos casos de privação, ele não consegue deixar de se voltar para *qualquer coisa* que seja comestível.

Só há um remédio para isso: uma clorofila que confira a possibilidade de se alimentar de luz.

Não julgar. Todos os erros são iguais. Só há um erro: não ter a capacidade de se alimentar de luz. Pois, se essa capacidade for abolida, todos os erros são possíveis.

"O meu alimento é que eu faça a vontade Daquele que me enviou."[1]

Não há nenhum outro bem além dessa capacidade.

1. "Diz-lhes Jesus: 'O meu alimento é que eu faça a vontade Daquele que me enviou e cumpra até o fim a Sua obra'." João 4,34. A partir daqui, todas as citações bíblicas sem indicação de referência se referem à *Bíblia, v. 1 Novo Testamento — Os quatro Evangelhos*. Tradução de Frederico Lourenço. São Paulo: Companhia das Letras, 2017.

* * *

Descer com um movimento do qual o peso não participa... O peso faz as coisas descerem; a asa faz as coisas subirem: que asa, elevada à segunda potência, poderia fazer as coisas descerem sem peso?

A criação é composta do movimento descendente do peso, do movimento ascendente da graça e do movimento descendente da graça elevada à segunda potência.

A graça é a lei do movimento descendente.

Rebaixar-se significa subir no domínio do peso moral. O peso moral nos faz cair para o alto.

Uma infelicidade grande demais coloca um ser humano abaixo da piedade: desgosto, horror e desprezo.

A piedade desce até certo nível, e não mais. O que a caridade faz para descer mais abaixo?

Será que aqueles que caíram muito baixo têm piedade de si mesmos?

## 2
# Vazio e compensação

Mecânica humana. Quem sofre busca comunicar seu sofrimento — seja maltratando, seja provocando piedade — na tentativa de diminuí-lo, e realmente consegue diminuí-lo ao fazer isso. No caso daquele que está lá embaixo, aquele com quem ninguém se importa, que não tem o poder de maltratar ninguém (se não tiver filhos ou um ser que o ame), o sofrimento permanece nele e o envenena.

Isso é imperativo, como o peso. Como se liberar disso? Como se liberar do que é como o peso?

Tendência de espalhar o mal para fora de si: eu ainda tenho! Os seres e as coisas não são sagrados o suficiente para mim. Que eu nunca macule nada, mesmo se estiver totalmente transformada em barro. Não macular nada, nem mesmo em pensamento. Nem nos meus piores momentos eu destruiria uma estátua grega ou um afresco de Giotto. Por que, então, destruir qualquer outra coisa? Por que, por exemplo, um instante da vida de um ser humano que poderia ser um instante feliz?

É impossível perdoar a quem nos fez mal, se esse mal nos rebaixa. Devemos pensar que ele não nos rebaixou, mas que revelou nosso verdadeiro nível.

* * *

Desejo de ver os outros sofrerem exatamente aquilo que sofremos. É por isso que, salvo nos períodos de instabilidade social, os rancores dos miseráveis se voltam para seus semelhantes.

Esse é um fator de estabilidade social.

Tendência de espalhar o sofrimento para fora de si. Se, por excesso de fraqueza, não podemos nem provocar piedade nem fazer mal ao outro, então fazemos mal à *representação do universo em nós.*

Tudo o que é belo e bom, então, é como uma injúria.

Fazer mal a outra pessoa é receber algo dela. O quê? O que ganhamos (e o que teremos que pagar de volta) quando fazemos mal? Aumentamos. Expandimos. Preenchemos um vazio dentro de nós ao criá-lo em outra pessoa.

Poder fazer mal a outra pessoa impunemente — por exemplo, descarregar a própria cólera sobre um inferior, forçado a se calar — é se poupar de um gasto de energia; gasto que o outro deve assumir. O mesmo ocorre com a satisfação ilegítima de um desejo qualquer. A energia que economizamos com isso se degrada imediatamente.

Perdoar. Não podemos. Quando alguém nos faz mal, nascem reações em nós. O desejo de vingança é um desejo de equilíbrio essencial. Devemos buscar o equilíbrio em outro plano. Precisamos ir, por conta própria, até esse limite. Ali, tocamos o vazio. (Ajuda-te, o céu te ajudará...)

Dores de cabeça. Em certo momento: a dor diminui se for projetada no universo, mas com isso o universo se altera; a dor fica mais viva quando volta para o seu lugar, mas algo em mim não sofre e permanece em contato com um universo que não foi alterado. Agir da mesma forma com as paixões. Fazê-las descer, concentrá-las em um ponto e desinteressar-se delas. Tratar assim, especialmente, todas as dores. Impedir que elas se aproximem das coisas.

A busca do equilíbrio é má porque é imaginária. A vingança. Mesmo se nós realmente matarmos ou torturarmos os nossos inimigos, de certo modo, isso é imaginário.

Um homem que vivia para sua cidade, sua família, seus amigos, para enriquecer, para ascender socialmente etc. — vem uma guerra, ele é levado como escravo e, a partir de então, para sempre, deverá esgotar as suas forças até o limite extremo, apenas para existir.

Isso é assustador, impossível, e é por isso que o homem vai se agarrar a qualquer objetivo que se apresente para ele, por mais miserável que seja, até mesmo punir o escravo que trabalha ao seu lado. Ele não pode mais escolher seus objetivos. Qualquer um deles é como um galho para alguém que está se afogando.

Aqueles cuja cidade foi destruída e que foram levados como escravos não tinham mais nem passado nem futuro: com o que poderiam preencher seus pensamentos? Com mentiras e com as cobiças mais ínfimas, mais lamentáveis, talvez agora mais dispostos a se arriscarem à crucificação para roubar um frango do que antes à morte em combate para defender sua cidade. Isso é certo, ou então esses suplícios assustadores não teriam sido necessários.

Ou então teriam de ser capazes de suportar o vazio no pensamento.

Para ter a força de contemplar a infelicidade quando estamos infelizes, precisamos de pão sobrenatural.

* * *

Uma situação muito dura nos rebaixa pelo seguinte mecanismo: a energia fornecida pelos sentimentos elevados é, geralmente, limitada; se a situação exige que ultrapassemos esse limite, precisamos recorrer a sentimentos baixos (medo, cobiça, competitividade, gosto pela superação, honras exteriores), que são mais ricos em energia.

Essa limitação é a chave de muitas inversões.

Trágicos são aqueles que, guiados pelo amor ao bem por uma via em que é preciso sofrer, acabam depois de um tempo chegando ao seu limite e envilecem.

Pedra no caminho. Atirar-se contra a pedra, como se, a partir de determinada intensidade de desejo, ela devesse deixar de existir. Ou ir embora, como se quem não existisse fôssemos nós.

O desejo encerra o absoluto e, se ele falha (uma vez que a energia é esgotada), o absoluto se transfere para o obstáculo. É o estado de alma dos vencidos, dos oprimidos.

Compreender (em cada uma das coisas) que há um limite e que não poderemos ultrapassá-lo (ou só muito pouco) sem ajuda sobrenatural e pelo preço de um terrível rebaixamento logo em seguida.

A energia liberada pelo desaparecimento dos objetos que se constituíam como causas tende sempre a ir mais baixo.

Os sentimentos baixos (inveja, ressentimento) são energia degradada.

Toda forma de recompensa é uma degradação de energia.

O contentamento de si depois de uma boa ação (ou de

uma obra de arte) é uma degradação de energia superior. É por isso que a mão direita deve ignorar...[1]

Uma recompensa puramente imaginária (um sorriso de Luís XIV) é o equivalente exato daquilo que foi gasto, pois ela tem exatamente o valor do que foi gasto — ao contrário das recompensas reais, que, enquanto tais, têm um valor maior ou menor. Assim, *os benefícios imaginários*, por si mesmos, fornecem a energia suficiente para esforços ilimitados. Mas é necessário que Luís XIV sorria de fato; se ele não sorrir, a privação será indizível. Um rei só pode pagar recompensas, na maior parte do tempo, imaginárias; caso contrário, ele seria inadimplente.

Isso é, em certo nível, equivalente na religião.

Na falta de um sorriso de Luís XIV, fabricamos um Deus que sorri para nós.

Ou então louvamos a nós mesmos. Precisamos de uma recompensa equivalente. Isso é tão inevitável quanto o peso.

Um ser amado que me decepciona. Escrevi para ele. É impossível que ele não me responda dizendo o mesmo que eu já disse em seu nome a mim mesma.

Os homens nos devem aquilo que imaginamos que eles irão nos dar. Devemos perdoar essa dívida.

Aceitar o fato de que eles são diferentes das criaturas da nossa imaginação é imitar a renúncia de Deus.

1. Alusão ao "Sermão na montanha", em Mateus 6,2-4: "Quando praticares a dádiva de esmolas, não mandes tocar trombetas à tua frente como fazem os hipócritas nas sinagogas e nas ruas, para serem elogiados pelas pessoas. Amém vos digo: têm [nisso] a sua recompensa. Ao dares esmola, que a tua mão esquerda não saiba o que faz a direita, para que fique a tua esmola em segredo. E o teu Pai, que vê no que está escondido, recompensar-te-á".

Eu também sou diferente do que me imagino ser. O perdão é saber disso.

# 3
# Aceitar o vazio

"Acreditamos por tradição, em relação aos deuses, e vemos por experiência, em relação aos homens, que sempre, por uma necessidade natural, todo ser exerce todo o poder de que dispõe" (Tucídides).[1] Como um gás, a alma tende a ocupar a totalidade do espaço que lhe é concedido. Um gás que se contraísse, deixando vazios, seria contrário à lei da entropia. Não é assim que ocorre com o Deus dos cristãos. Esse é um Deus *sobrenatural*, enquanto Jeová é um Deus *natural*.

Não exercer todo o poder de que dispomos significa suportar o vazio. Isso é contrário a todas as leis da natureza: só a graça pode fazer isso.

A graça preenche, mas ela só pode entrar onde há um vazio para recebê-la — e é ela mesma que faz esse vazio.

1. Trata-se do diálogo entre mélios e atenienses, em que esses últimos expõem a doutrina da força para justificar suas ações futuras. Simone Weil cita essa passagem à sua maneira, mas está se referindo ao Livro Quinto, parte 105, da *História da guerra do Peloponeso*: "Dos deuses nós supomos e dos homens sabemos que, por uma imposição de sua própria natureza, sempre que podem eles mandam". Tucídides, *História da guerra do Peloponeso*. Tradução de Mário da Gama Kury. Brasília: Editora Universidade de Brasília/ São Paulo: Imprensa Oficial do Estado de São Paulo, 2001.

* * *

Necessidade de uma recompensa, de receber o equivalente ao que se dá. Mas, se violentarmos essa necessidade, deixaremos um vazio, e o que se produz é como que uma corrente de ar — surge uma recompensa sobrenatural. Ela não virá se nós tivermos um outro salário: é esse vazio que faz com que ela venha.

O mesmo vale para a remissão das dívidas (que diz respeito não apenas ao mal que os outros nos fizeram, mas igualmente ao bem que fizemos aos outros). Também nesse caso aceitamos um vazio em nós mesmos.

Aceitar um vazio em si mesmo é sobrenatural. Onde poderíamos encontrar a energia para um ato sem contrapartidas? A energia deve vir de outro lugar. Mas é necessário, primeiro, um arranque, um ato desesperado; um vazio deve ser produzido. Vazio: noite escura.

A admiração e a piedade (principalmente a mistura dessas duas) trazem uma energia real. Mas precisamos prescindir disso.

Precisamos passar um tempo sem recompensa, nem real nem sobrenatural.

Precisamos de uma representação do mundo em que haja vazio, para que o mundo precise de Deus. Isso supõe o mal.

Amar a verdade significa suportar o vazio e, consequentemente, aceitar a morte. A verdade fica do lado da morte.

O homem só consegue escapar das leis deste mundo pelo tempo de um relâmpago. São instantes de trégua, de contemplação, de intuição pura, de vazio mental, de aceitação do vazio moral. É nesses instantes que ele é capaz do sobrenatural.

Aquele que suporta um momento de vazio ou irá receber o pão sobrenatural, ou irá cair. Risco terrível, mas precisamos corrê-lo, mesmo nos momentos sem esperança. O que não precisamos é atirar-nos contra ele.

# 4
# Desapego

A infelicidade não basta para alcançar o desapego total. É necessária uma infelicidade sem consolos. É necessário não ter consolo. Nenhum consolo representável. É só então que desce o consolo inefável.

Perdoar as dívidas. Aceitar o passado sem esperar compensações do futuro. Deter o tempo no instante. Isso também é a aceitação da morte.

"Ele se esvaziou de sua divindade."[1] Esvaziar-nos do mundo. Assumir a forma de um escravo. Reduzir-nos ao ponto que ocupamos no espaço e no tempo. A nada.

Despojar-nos da realeza imaginária do mundo. Solidão absoluta. Temos, então, a verdade do mundo.

Duas maneiras de renunciar aos bens materiais:

1. Passagem da Carta aos Filipenses (2,7), nas Cartas de Paulo, presentes no Novo Testamento. A passagem completa (2,6-8) é a seguinte: "Ele que existindo em forma de Deus/ Não considerou um rapto/ ser igual a Deus,/ Mas esvaziou a si mesmo/ Tomando a forma de um escravo,/ Tendo nascido numa semelhança de seres humanos;/ E tendo sido descoberto pelo aspecto como ser humano,/ Rebaixou-se/ Tendo-se tornado obediente até a morte:/ Morte de cruz". *Bíblia, Novo Testamento — Apóstolos, Epístolas, Apocalipse.* Tradução de Frederico Lourenço. São Paulo: Companhia das Letras, 2017.

Privar-se deles, tendo em vista um bem espiritual.

Concebê-los e senti-los como condições dos bens espirituais (exemplo: a fome, a fadiga e a humilhação ofuscam a inteligência e dificultam a meditação) e, mesmo assim, renunciar a eles.

Só esse segundo tipo de renúncia é nudez de espírito.

Os bens materiais, além disso, dificilmente seriam perigosos se eles se apresentassem sozinhos, e não ligados a bens espirituais.

Renunciar a tudo aquilo que não seja a graça e não desejar a graça.

A extinção do desejo (budismo) ou o desapego — ou o *amor fati* —,[2] ou o desejo do bem absoluto, é sempre a mesma coisa: esvaziar o desejo, a finalidade de todo conteúdo, desejar no vazio, desejar sem vontades.

Desapegar nosso desejo de todos os bens e esperar. A experiência prova que essa espera é preenchida. Tocamos, então, o bem absoluto.

Em tudo, para além de qualquer objeto particular, devemos querer no vazio, querer o vazio. Pois o bem que não pode ser representado nem definido é um vazio para nós. Mas esse vazio é mais pleno que todos os plenos.

Chegando até aí, estaremos fora de perigo, pois Deus preenche o vazio. Isso não tem absolutamente nada a ver com um processo intelectual, no sentido atual do termo. A inteligência não tem que encontrar nada; ela tem que limpar o terreno. Ela só é boa para as tarefas servis.

O bem para nós é um nada, pois não existe coisa boa. Mas esse nada não é irreal. Tudo o que existe, comparado a ele, é irreal.

2. Locução latina que significa “amor pelo destino”.

* * *

Afastar as crenças preenchedoras de vazios, que adoçam amarguras. A da imortalidade. A da utilidade dos pecados: *etiam peccata*.[3] A da ordem providencial dos acontecimentos — em suma, os "consolos" que costumamos procurar na religião.

Amar Deus através da destruição de Troia e de Cartago, e sem nenhum consolo. O amor não é consolo, é luz.

A realidade do mundo é feita por nós, com o nosso apego. É a realidade do eu, transportada por nós para as coisas. Isso não tem nada a ver com a realidade exterior. Esta só é perceptível por meio do desapego total. Mesmo que não reste mais do que um fio, ainda haverá apego.

A infelicidade que nos coage a dirigir o apego a objetos miseráveis revela o caráter miserável do apego. É nesse sentido que a necessidade do desapego fica mais clara.

O apego é um fabricador de ilusões, e quem quiser o real deve estar desapegado.

A partir do momento em que sabemos que algo é real, já não podemos mais nos apegar a isso.

O apego não é nada além da insuficiência no sentimento da realidade. Nós nos apegamos à posse de algo porque acreditamos que, se deixássemos de possuí-lo, ele deixaria de existir. Há muita gente que não consegue sentir com toda a alma que existe uma diferença radical entre o desaparecimento de uma cidade e o seu exílio irremediável para fora dessa cidade.

3. Palavras latinas que significam "também os pecados" usadas desde a Antiguidade para glosar o versículo de Paulo da Carta aos Romanos (8,28): "Sabemos que, para aqueles que amam Deus, todas as coisas funcionam para [o] bem — para aqueles chamados segundo o seu desígnio".

A miséria humana seria intolerável se não estivesse diluída no tempo.

Impedir que ela se dilua *para* que seja intolerável.

"E quando eles se houverem saciado de lágrimas" (*Ilíada*)[4] — mais uma forma de tornar tolerável o pior dos sofrimentos.

Não devemos chorar, para que não sejamos consolados.[5]

Qualquer dor que não for desapego será uma dor perdida. Nada mais terrível — um deserto frio, uma alma encolhida. Ovídio. Escravos de Plauto.[6]

Nunca pensar em uma coisa ou em um ser que amamos, e que não está diante de nós, sem imaginar que talvez essa coisa tenha sido destruída ou que esse ser está morto.

Que esse pensamento não dissolva o sentimento da realidade, mas que o torne mais intenso.

A cada vez que dissermos: "Que seja feita a vossa vontade", devemos nos representar todas as infelicidades possíveis, em sua totalidade.

4. Uma das fórmulas homéricas na *Ilíada* para descrever o sofrimento dos heróis.

5. "Bem-aventurados aqueles que choram", disse, no entanto, Jesus Cristo. Mas Simone Weil só condena aqui as lágrimas que rolam pela privação dos bens temporais e que o homem derrama sobre si mesmo. (N. O.)

6. Em relação a Ovídio, a alusão de Simone Weil é aos acontecimentos que marcaram sua vida a partir do exílio aos confins do Império, por ordem de Augusto. A súplica de Ovídio ao imperador não era para ser perdoado, mas para que lhe fosse permitido viver em algum ponto menos afastado da cidade. Já em relação a Plauto, Simone Weil localiza as obras dele entre as mais sombrias da literatura universal, por mostrar as condições de extremo sofrimento e humilhação dos escravos em Roma.

* * *

Duas maneiras de se matar: suicídio ou desapego.

Matar com o pensamento tudo aquilo que amamos: única maneira de morrer. Mas apenas o que amamos. (Aquele que não odeia seu pai e sua mãe... Mas: amai os vossos inimigos...)[7]

Não desejar que aquilo que amamos seja imortal. Diante de um ser humano, seja ele quem for, não o desejar nem imortal nem morto.

O avarento, de tanto desejar o próprio tesouro, acaba por se privar dele. Se é possível guardar todo o nosso bem dentro de uma coisa escondida na terra, por que não em Deus?

Mas, quando Deus se tornar tão pleno de significado quanto o tesouro é para o avarento, então devemos repetir para nós mesmos, com força, que ele não existe. Experimentar o fato de que o amamos, mesmo que ele não exista.

É ele quem se retira, pela operação da noite escura, para que não seja amado como um tesouro por um avarento.

7. Alusão a duas diferentes passagens do Novo Testamento. A primeira está presente no Evangelho de Lucas (14,25): "Jesus, voltando-se para [as multidões], disse-lhes: 'Se alguém vem encontrar comigo e não odeia o seu pai, a sua mãe, a sua mulher, os seus filhos, os seus irmãos, as suas irmãs e até a própria vida, não consegue ser meu discípulo'". A segunda está presente em mais de um evangelho — por exemplo, no de Mateus, no "Sermão na Montanha" (5,44): "Mas eu vos digo: amai os vossos inimigos e orai por aqueles que vos perseguem".

Electra chorando a morte de Orestes.[8] Se amarmos Deus pensando que ele não existe, ele manifestará sua existência.

8. Em *Electra*, tragédia de Sófocles, a personagem recebe a notícia de que seu irmão, Orestes, há muito tempo exilado, está morto. Enquanto chora sua morte, ela descobre que aquele que lhe trouxe a notícia é seu próprio irmão, vivo.

# 5
# A imaginação preenchedora

A imaginação trabalha continuamente para tapar todas as fissuras por onde a graça poderia passar.

Todo vazio (não aceito) produz ódio, azedume, amargor, rancor. O mal que desejamos e imaginamos para aqueles que odiamos restabelece o equilíbrio.

Os milicianos do "Testamento espanhol" que inventavam vitórias para suportar morrer são um exemplo da imaginação preenchedora do vazio. Ainda que não ganhemos nada com a vitória, podemos suportar morrer por uma causa vitoriosa, mas não por uma causa vencida. Morrer por algo absolutamente desprovido de força seria sobre-humano (discípulos de Cristo). O pensamento da morte pede um contrapeso, e esse contrapeso — deixando a graça de lado — só pode ser uma mentira.

A imaginação preenchedora de vazios é essencialmente mentirosa. Ela exclui a terceira dimensão, pois apenas os objetos reais estão nas três dimensões. Ela exclui as relações múltiplas.

Tentar definir as coisas que, mesmo ao se produzir efetivamente, permanecem em certo sentido imaginárias. Guerra. Crimes. Vinganças. Infelicidade extrema.

Os crimes, na Espanha, eram efetivamente cometidos e, no entanto, pareciam ser meras bravatas.

Realidades que não têm mais dimensões do que um sonho.

No mal, assim como no sonho, não há leituras[1] múltiplas. Daí a simplicidade dos criminosos.

Crimes que são rasos como sonhos, em seus dois lados: o lado do carrasco e o lado da vítima. O que pode ser mais terrível que morrer dentro de um pesadelo?

Compensações. Mário imaginava a vingança futura. Napoleão sonhava com a posteridade. Guilherme II desejava uma xícara de chá.[2] Sua imaginação não estava apegada ao poder com força suficiente para atravessar os anos: ela se voltava para uma xícara de chá.

Adoração aos grandes pelo povo no século XVII (La Bruyère).[3] Esse era um efeito da imaginação preenchedora de vazios; efeito que desapareceu a partir do momento em que o dinheiro veio substituí-los. São dois efeitos baixos, mas o dinheiro é ainda mais.

Em qualquer situação, se a imaginação preenchedora for detida, há vazio (pobres de espírito).

Em qualquer situação (mas, em algumas delas, pelo

1. Em relação ao sentido desta palavra no vocabulário de Simone Weil, cf. capítulo "Leituras". (N. O.)

2. Os personagens históricos citados por Simone Weil nessa passagem são, respectivamente: Caio Mário, político romano dos séculos II-I a.C., conhecido como "o terceiro fundador de Roma"; Napoleão Bonaparte, político e militar francês dos séculos XVIII-XIX; Guilherme II da Alemanha, último imperador alemão e rei da Prússia de 1888 até 1918.

3. La Bruyère, em *Les Caractères ou les Mœurs de ce siècle* [Os caracteres ou os costumes deste século] (1688), satiriza a conduta de adoração aos grandes.

preço de que rebaixamento!), a imaginação pode preencher o vazio. É por isso que os seres medianos podem se tornar prisioneiros, escravos, prostitutas e atravessar qualquer sofrimento sem purificação.

Suspender continuamente em nós mesmos o trabalho da imaginação preenchedora de vazios.

Se aceitarmos qualquer vazio que seja, que golpe do acaso poderá nos impedir de amar o universo?

Temos a certeza de que, aconteça o que acontecer, *o universo está pleno*.

# 6
# Renúncia ao tempo

O tempo é uma imagem da eternidade, mas é também um ersatz da eternidade.

O avarento cujo tesouro foi roubado. O que lhe tiraram foi um passado congelado. Passado e futuro são as únicas riquezas do homem.

Futuro preenchedor de vazios. Às vezes é também o passado que representa esse papel (eu era, eu fiz...). Em outros casos, a infelicidade torna intolerável o pensamento da felicidade; ela então priva o infeliz de seu passado (*nessun maggior dolore*...).[1]

O passado e o futuro dificultam o efeito salutar da infelicidade, por fornecerem um campo ilimitado para elevações imaginárias. É por isso que a renúncia ao passado e ao futuro é a primeira de todas as renúncias.

O presente não admite a finalidade. O futuro também não, pois ele é apenas o que será presente. Mas nós não sabemos disso. Se aproximarmos do presente a ponta des-

1. "Nenhuma dor maior [*maggior dolore*]/ que recordar-se/ do tempo feliz/ na miséria." Dante Alighieri, *Inferno*. Tradução de Emanuel França de Brito, Maurício Santana Dias e Pedro Falleiros Heise. São Paulo: Penguin-Companhia das Letras, 2024.

se desejo que, em nós, corresponde à finalidade, ela vai penetrar através dele até chegar na eternidade.

Essa é a utilidade do desespero que nos afasta do futuro.

Quando nos decepcionamos com um prazer pelo qual esperávamos e que chega, a causa dessa decepção é o fato de que estávamos esperando por um futuro. E, uma vez que ele vem, já é presente. Seria preciso que o futuro chegasse sem deixar de ser futuro. É um absurdo que só a eternidade pode curar.

*O tempo e a caverna.* Sair da caverna, desapegar-se, isso significa não se orientar mais em direção ao futuro.

Um modo de purificação: rezar para Deus, não apenas secretamente em relação aos outros homens, mas pensando que Deus não existe.[2]

Piedade para com os mortos: fazer tudo pelo que não existe.

A dor da morte de alguém é essa dor do vazio, do desequilíbrio. Esforços que a partir de então são sem objeto, e por isso sem recompensa. Se a imaginação suprir isso, há um rebaixamento. "Deixa que os mortos sepultem seus mortos."[3] Não é a mesma coisa com a nossa própria morte? O objeto ou a recompensa são um futuro. Privação de futu-

2. Deus realmente não existe da mesma maneira que as coisas criadas — que constituem, para as nossas faculdades *naturais*, o único objeto de experiência. Por isso, o contato com a realidade sobrenatural é vivido como uma experiência do vazio. (N. O.)
3. Passagem do Novo Testamento, presente tanto no Evangelho de Mateus (8,22) quanto no Evangelho de Lucas (9,60). Em ambos, Jesus aconselha o discípulo que quer sepultar seu pai: "Segue-me e deixa que os mortos sepultem seus mortos".

ro, vazio, desequilíbrio. É por isso que "filosofar é aprender a morrer".[4] É por isso que "rezar é como uma morte".

Quando a dor e o esgotamento chegarem ao ponto de fazer nascer na alma o sentimento da perpetuidade, se contemplarmos essa perpetuidade com aceitação e com amor, seremos arrebatados para a eternidade.

4. A frase está presente nos *Ensaios* de Montaigne (I, XX), mas é também um lugar-comum da filosofia estoica.

# 7
# Desejar sem objeto

A purificação é a separação entre o bem e a cobiça.

Descer até a fonte dos desejos para arrancar a energia de seu objeto. Nesse ponto, os desejos, enquanto energia, são verdadeiros. É o objeto que é falso. Mas a separação entre um desejo e seu objeto é um arrebatamento indizível para a alma.

Se descermos para dentro de nós mesmos, descobriremos que possuímos exatamente aquilo que desejamos.

Se desejamos determinado ser (morto), o que desejamos é um ser particular, limitado; necessariamente, portanto, um mortal, e desejamos esse ser, esse ser que... quem... etc., ou seja, esse ser que morreu, tal dia, a tal hora. E nós já o temos — morto.

Se desejamos dinheiro, o que desejamos é uma moeda (instituição), algo que só pode ser adquirido em tal ou tal condição, portanto só desejamos isso na medida em que... Pois bem, nessa medida, nós já o temos.

Em casos como esses, o sofrimento e o vazio são o modo de existência dos objetos do desejo. Basta afastar o véu de irrealidade e veremos que eles já nos foram entregues assim.

Quando percebemos isso, continuamos sofrendo, mas estamos felizes.

* * *

Se conseguíssemos saber exatamente o que foi perdido pelo avarento que teve seu tesouro roubado, aprenderíamos muito.

Lauzun e o cargo de capitão dos mosqueteiros.[1] Para ele, era preferível ser prisioneiro e capitão dos mosqueteiros a ser livre e não capitão.

São roupas. "Eles sentiram vergonha de estarem nus."[2]

Perder alguém: sofremos porque o morto, o ausente, tornou-se imaginário, falso. Mas desejá-lo não é algo imaginário. Descer para dentro de si mesmo, para onde reside o desejo que não é imaginário. Fome: imaginamos a comida, mas a própria fome é real: agarrar a fome. A presença do morto é imaginária, mas sua ausência é totalmente real; a partir de agora, essa é a maneira que ele tem de aparecer.

Não devemos buscar o vazio, contando que o pão sobrenatural vai preenchê-lo, pois isso seria tentar Deus.

Não devemos tampouco fugir dele.

O vazio é a plenitude suprema, mas o homem não tem

1. Antonin Nompar de Caumont, marechal da França, conde e, mais tarde, duque de Lauzun. Simone Weil se refere a um dos episódios de sua vida novelesca, em que Lauzun mostrou abertamente a sua irritação diante de Luís XIV por ele ter se negado a lhe conceder o cargo de capitão dos mosqueteiros; por causa disso, ele foi enviado à prisão.
2. Referência ao versículo do Antigo Testamento, Gênesis (3,7), em que Adão e Eva, depois de terem comido o fruto proibido, percebem que estão nus e sentem vergonha.

o direito de saber disso. A prova é que o próprio Cristo, por um momento, ignorou isso completamente. Uma parte de mim deve saber disso, mas as outras não, pois, se elas soubessem, à sua maneira baixa, não haveria mais nenhum vazio.

Cristo teve toda a miséria humana, menos o pecado. Mas ele teve tudo o que torna o homem capaz de pecar. É o vazio que torna o homem capaz de pecar. Todos os pecados são tentativas de preencher vazios. Assim, a minha vida cheia de máculas está próxima da dele, que é perfeitamente pura, tanto quanto de vidas muito mais baixas. Por mais baixo que eu possa cair, não me afastarei muito dele. Mas, se eu cair, já não poderei saber disso.

Aperto a mão de um amigo que revejo depois de uma longa ausência. Não reparo nem mesmo se, para o meu tato, isso é um prazer ou uma dor: como um cego que sente diretamente os objetos com a ponta da bengala, sinto diretamente a presença do meu amigo. A mesma coisa acontece com as circunstâncias da vida, sejam elas quais forem, e com Deus.

A implicação disso é que não devemos nunca buscar um consolo para a dor. Pois a felicidade está além do domínio do consolo e da dor. Ela é percebida com um outro sentido, assim como a percepção dos objetos com a ponta de uma bengala ou de outro instrumento é distinta do toque propriamente dito. Esse outro sentido se forma pelo deslocamento da atenção, através de um aprendizado do qual participam o corpo e a alma inteira.

É por isso que está no Evangelho: "Amém vos digo: já receberam sua recompensa".[3] Não precisamos de com-

3. Passagem do "Sermão na Montanha", dito por Jesus Cristo e relatado em Mateus 6,16: "Quando jejuardes, não sejais como os hipócritas [que põem] cara de caso; fazem desaparecer os

pensações. O vazio da sensibilidade é o que conduz para além da sensibilidade.

Negação de são Pedro.[4] Dizer a Cristo: "eu permanecerei fiel" — isso já é negá-lo, pois seria supor que a fonte da fidelidade está em si mesmo, e não na graça. Felizmente, como ele era um eleito, essa negação se tornou manifesta para ele e para todos. Mas quantos outros se gabam da mesma forma — e eles nunca compreendem.

Era difícil ser fiel a Cristo. Era uma fidelidade ao *vazio*. Muito mais fácil ser fiel até a morte a Napoleão. Muito mais fácil para os mártires, mais tarde, serem fiéis, pois já havia a Igreja, uma força, com promessas temporais. Morremos pelo que é forte, não pelo que é fraco — ou, pelo menos, pelo que, mesmo que momentaneamente fraco, conserva uma auréola de força. A fidelidade a Napoleão em Santa Helena não era uma fidelidade ao vazio. Morrer por quem é forte faz com que a morte perca a sua amargura. E, ao mesmo tempo, também todo o seu valor.

---

rostos para aparecerem às pessoas como estando a jejuar. Amém vos digo: têm [nisso] a sua recompensa".

4. A negação de são Pedro é relatada nos quatro Evangelhos (Mt 26,31-5, Mc 14,29-31, Lc 22,33-4 e Jo 13,36-8). No Evangelho de Mateus, a profecia de Cristo em relação a essa negação é relatada da seguinte maneira: "Então diz-lhes Jesus: 'Todos vós ficareis escandalizados comigo esta noite, pois ficou escrito: *Ferirei o pastor/ e serão dispersas as ovelhas do rebanho*. Mas depois da minha ressurreição, irei à vossa frente rumo à Galileia'. Pedro, respondendo, disse-lhe: 'Se todos vão ficar escandalizados contigo, eu nunca me escandalizarei'. Disse-lhe Jesus: 'Amém te digo que, esta noite, antes de o galo cantar, três vezes me terás negado'. Diz-lhe Pedro: 'Mesmo que eu tenha que morrer contigo, não te renegarei'".

Suplicar a um homem é uma tentativa desesperada de fazer, pela força da intensidade, com que seu próprio sistema de valores passe para outra pessoa. Suplicar a Deus é o contrário disso: uma tentativa de fazer os valores divinos passarem para a sua própria alma. Longe de pensar, com a maior intensidade possível, nos valores aos quais estamos apegados, devemos preservar um vazio interior.

# 8
# O eu[1]

Nós não possuímos nada no mundo — já que o acaso pode tudo nos tirar —, nada além do poder de dizer eu. É isso que devemos dar a Deus, ou seja, destruir. Não há absolutamente nenhum ato livre que nos seja permitido, nenhum além da destruição do eu.

Oferenda: a única coisa que podemos oferecer é o eu, e tudo o que chamamos de oferenda é apenas um rótulo, atrás do qual está uma revanche do eu.

Nada no mundo pode nos tirar o poder de dizer eu. Nada, exceto a extrema infelicidade. Nada é pior do que a extrema infelicidade que destrói o eu de fora para dentro, pois, depois disso, já não podemos mais destruí-lo por nós mesmos. O que acontece com quem teve o eu destruído de fora para dentro pela infelicidade? A única coisa que

1. O nome deste capítulo, em francês, é *Le moi*. No entanto, no texto, para se referir a esse conceito, Simone Weil utiliza com mais frequência o *je*; há uma oscilação entre as duas formas do pronome sem um critério evidente de diferenciação entre elas. A variação entre *je* e *moi*, em português, não faz tanto sentido, considerando que a forma oblíqua "mim" não pode ser substantivada como em francês. Por isso, opto por traduzir aqui tanto *moi* quanto *je* por "eu".

podemos imaginar para esses é a aniquilação segundo a concepção ateia ou materialista.

Pode ser que tenham perdido o eu, mas isso não quer dizer que não sejam mais egoístas. Muito pelo contrário. É verdade que às vezes isso acontece, quando a devoção que surge é a de um cão. Mas, em todas as outras vezes, pelo contrário, o ser é reduzido ao egoísmo nu, vegetativo. Um egoísmo sem eu.

A partir do momento em que começamos o processo de destruição do eu, é possível impedir que uma infelicidade nos faça mal. Pois o eu só pode ser destruído pela pressão exterior se houver uma extrema revolta. Se, por amor a Deus, nós nos recusarmos a essa revolta, a destruição do eu não vai se produzir de fora para dentro, mas de dentro para fora.

Dor redentora. Quando um ser humano está em estado de perfeição e, através da graça, destruiu por completo o eu dentro de si, e se ele cair no grau de infelicidade que seria correspondente, para ele, à destruição do eu pelo exterior, essa é a plenitude da cruz. A infelicidade não pode mais destruir nele o eu, pois o eu já não existe nele — desapareceu por inteiro e deixou o lugar para Deus. Mas a infelicidade produz, no plano da perfeição, um efeito equivalente à destruição exterior do eu. O que ela produz é a ausência de Deus. "Meu Deus, por que me abandonaste?"[2]

2. Essas são as conhecidas palavras presentes no Salmo 22,2. Jesus Cristo as repete pouco antes de expirar na cruz. Em Marcos 15,34, a passagem é relatada assim: "À hora nona, Jesus gritou com voz grande: *Elôí, Elôí, lemá sabachtáni?* O que significa, traduzido: 'Meu Deus, meu Deus, por que me abandonaste?'". O mesmo é contado no Evangelho de Mateus (27,46), com pequenas variações.

Mas o que é essa ausência de Deus produzida pela extrema infelicidade na alma perfeita? Que valor é esse, apegado a ela, que chamamos de dor redentora?

A dor redentora é o que faz com que o mal possa ter toda a plenitude do ser, com o máximo de sua capacidade de recebê-la.

Pela dor redentora, Deus está presente no mal extremo. Pois a ausência de Deus é o modo da presença divina que corresponde ao mal — uma ausência que é sentida. Aquele que não tem Deus dentro de si não pode sentir a sua ausência.

É a pureza, a perfeição, a plenitude, o abismo do mal. Já o inferno é um falso abismo (ver Thibon). O inferno é superficial. O inferno é um nada que tem a pretensão e dá a ilusão de ser.

A destruição puramente exterior do eu é uma dor quase infernal. A destruição exterior à qual a alma se associa por amor é uma dor expiatória. A produção de ausência de Deus na alma que se esvaziou completamente de si mesma por amor é uma dor redentora.

Na infelicidade, o instinto vital sobrevive aos apegos que foram arrancados dele e se agarra cegamente a tudo que pode lhe servir de apoio, como uma trepadeira que se agarra com suas gavinhas. Nesse estado, o reconhecimento (exceto em sua forma baixa) e a justiça não são concebíveis. Escravidão. Já não há mais a quantidade suplementar de energia que serve de suporte para o livre-arbítrio, através da qual o homem pode tomar distância. A infelicidade, nesse sentido, é hedionda como a vida sempre é quando desnudada, como o coto de um membro que foi amputado, como o enxame de insetos. A vida sem forma. Sobreviver, nesse caso, é a única forma de apego. É assim que começa a extrema infelicidade, quando tudo a que nos apegamos é substituído pelo apego à sobrevivência. O apego aparece, então, desnudado. Sem nenhum outro objeto além dele mesmo. Inferno.

É por meio desse mecanismo que nada parece mais desejável ao infeliz do que a própria vida, mesmo que sua vida não seja em nada preferível à morte.

Numa situação como essa, aceitar a morte é o desapego total.

Quase inferno na terra. O desenraizamento extremo na infelicidade.

A injustiça humana geralmente não fabrica mártires, mas quase condenados. Os seres caídos no quase inferno são como o homem que foi roubado e ferido por ladrões. Eles perderam a roupa do caráter.

Se o maior dos sofrimentos permitir que ainda subsista qualquer raiz, ele permanecerá a uma distância infinita do quase inferno.

Quando ajudamos seres tão desenraizados como esses e recebemos em troca a descortesia, a ingratidão ou a traição, o que suportamos é meramente uma pequena parcela de sua infelicidade. Temos o dever de nos expor a isso, em uma medida limitada, assim como temos o poder de nos expor à infelicidade. Quando acontece algo assim, devemos suportar tanto quanto suportamos a infelicidade, sem associá-la a pessoas determinadas, já que ela não é associável. Há alguma coisa de impessoal na infelicidade quase infernal, tanto quanto na perfeição.

Já não podemos fazer mais nada, absolutamente nada, por aqueles cujo eu está morto. Mas, em um ser humano determinado, nunca se sabe se o eu está totalmente morto ou se está apenas inanimado. Se ele não estiver totalmente morto, o amor pode reanimá-lo como uma injeção, mas só se for um amor totalmente puro, que não tiver o menor traço de condescendência. Pois qualquer nuance de desprezo precipita para a morte.

Quando o eu está ferido de fora para dentro, a primeira coisa que ele experimenta é a revolta mais extrema, mais amarga, como um animal que se debate. Mas, a partir do momento em que o eu já está meio morto, ele só deseja ser abatido e se deixar levar até a aniquilação. Se, nesse momento, houver um toque de amor para despertá-lo, essa será uma dor extrema, que vai produzir cólera e às vezes ódio contra quem provocou essa dor. Daí a aparentemente inexplicável reação de vingança que alguns seres caídos têm contra seus benfeitores.

O amor do benfeitor às vezes também pode não ser puro. Então, para o eu que foi desperto pelo amor e, logo depois, ferido novamente pelo desprezo, surge o ódio mais amargo, ódio legítimo.

Para quem teve o eu totalmente morto, ao contrário, não há nenhum constrangimento com o amor que lhe testemunham. Ele aceita o que vier, como os cães e os gatos que recebem comida, calor e carinho — e, como eles, está ávido por receber o máximo possível. Conforme for o caso, ele pode se apegar como um cão ou aceitar o que vier com certa indiferença, como um gato. Sem o menor escrúpulo, bebe toda a energia de quem quer que se ocupe dele.

Infelizmente, toda obra de caridade corre o risco de que os seus clientes sejam, em sua maioria, pessoas sem escrúpulos ou, principalmente, seres cujo eu foi morto.

Quanto mais fraco for o caráter de quem sofre a infelicidade, mais rápido o eu é morto. Para ser mais exato: o limite da infelicidade, a que destrói o eu, se situa a uma distância maior ou menor de acordo com o temperamento do caráter; e, quanto mais longe está, mais dizemos que o caráter é forte.

Provavelmente, a situação fica mais ou menos distante desse limite por causa de um simples fato natural, da mesma forma que a facilidade em matemática — e quem, sem nenhuma fé, sente orgulho por ter mantido uma "boa moral" em circunstâncias difíceis não tem mais razão do que o adolescente que se orgulha por ter facilidade em matemática. Quem crê em Deus corre o perigo de uma ilusão ainda maior: atribuir à graça algo que é simplesmente um efeito de natureza essencialmente mecânica.

A angústia da extrema infelicidade é a destruição *exterior* do eu. Arnolfo, Fedra, Licáon.[3] Tem razão quem se ajoelha e suplica baixamente quando a morte violenta que vai se abater ameaça matar o eu de fora para dentro, antes mesmo que a vida seja destruída.

"Também Níobe, dos belos cabelos, pensou em comer."[4] Isso é tão sublime quanto o espaço nos afrescos de Giotto.

Uma humilhação que nos obriga a renunciar até mesmo ao desespero.

O pecado em mim diz "eu".

Eu sou tudo. Mas esse "eu" é Deus. E não é um eu.

3. Personagens, respectivamente, de *Escola de mulheres*, de Molière, da tragédia *Fedra*, de Racine, e da *Ilíada*, de Homero.
4. Alusão ao verso 602 do Canto XXIV da *Ilíada*. Níobe, que tinha perdido seus doze filhos, por mais extremo que fosse seu sofrimento, tinha de pensar em comer: "Nem Níobe de belas tranças descurou a comida,/ apesar de doze filhos lhe terem morrido no palácio:/ seis filhas e seis filhos vigorosos". Homero, *Ilíada*. Tradução de Frederico Lourenço. São Paulo: Penguin-Companhia das Letras, 2005.

O mal faz a distinção, impede que Deus seja equivalente a tudo.

É a minha miséria que faz com que eu seja eu. É a miséria do universo que faz com que, em certo sentido, Deus seja eu (isto é, uma pessoa).

Os fariseus eram pessoas que contavam com sua própria força para serem virtuosos.

A humildade consiste em saber que não há, naquilo que chamamos "eu", nenhuma fonte de energia através da qual possamos nos elevar.

Tudo aquilo que é precioso em mim, sem exceção, vem de fora de mim — não como dom, mas como empréstimo que deve ser constantemente renovado. Tudo aquilo que está em mim, sem exceção, não tem absolutamente valor nenhum; e, entre os dons vindos de fora, tudo aquilo de que eu me aproprio perde imediatamente o seu valor.

A alegria perfeita exclui o próprio sentimento de alegria, pois, na alma que está preenchida pelo objeto, não há nenhum canto disponível para dizer "eu".

Não conseguimos imaginar alegrias como essas quando elas estão ausentes, e por isso nos falta o estímulo para procurar por elas.

# 9
# Descriação

Descriação: fazer com que aquilo que foi criado passe pelo incriado.

Destruição: fazer com que aquilo que foi criado passe pelo nada. Ersatz culpado da descriação.

A criação é um ato de amor, e ela é perpétua. Nossa existência, a cada instante, é amor de Deus por nós. Mas Deus só pode amar a si mesmo. Seu amor por nós é amor por si através de nós. Por isso ele, que nos dá o ser, ama em nós o consentimento em não ser.

Nossa existência é feita apenas da sua espera, do nosso consentimento em não existir.

Ele está perpetuamente mendigando essa existência que nos dá. Ele nos dá essa existência para mendigá-la.

A necessidade inflexível, a miséria, a aflição, o peso[1] esmagador da carência e do trabalho que nos esgota, a crueldade, as torturas, a morte violenta, a coerção, o terror, as doenças — tudo isso é o amor divino. É Deus que, por amor, se retira de nós para que possamos amá-lo. Pois, se estivéssemos expostos aos raios diretos de seu

1. "Poids" em francês.

amor, sem a proteção do espaço, do tempo e da matéria, evaporaríamos como água sob o sol; não haveria eu suficiente dentro de nós para que pudéssemos abandonar o eu por amor. A necessidade é o anteparo posto entre Deus e nós para que possamos ser. Resta-nos perfurar o anteparo para deixar de ser.

Existe uma força "deífuga". Senão tudo seria Deus.

Uma divindade imaginária foi dada ao homem, para que ele possa se despojar dela tal como fez Cristo com sua divindade real.

Renúncia. Imitação da renúncia de Deus na criação. Deus renuncia — em certo sentido — a ser tudo. Nós devemos renunciar a ser alguma coisa. Esse é o nosso único bem.

Enquanto não compreendermos que temos um fundo, seremos tonéis sem fundo.

Elevação e rebaixamento. Uma mulher que se olha no espelho e se enfeita não sente vergonha de se reduzir — esse ser infinito que olha todas as coisas — a um pequeno espaço. Da mesma forma, sempre que elevamos o eu (o eu social, psicológico etc.), por mais alto que for possível, nós nos degradamos infinitamente, porque nos reduzimos apenas a isso. Quando o eu é rebaixado (a não ser que a energia tenda a elevá-lo em desejo), então sabemos que não é isso que somos.

Uma mulher muito bonita, ao olhar sua imagem no espelho, pode muito bem acreditar que ela é isso. Uma mulher feia sabe que ela não é isso.

Tudo aquilo que as faculdades naturais podem alcançar é hipotético. Só o amor sobrenatural fundamenta. Por isso somos cocriadores.

Nós participamos da criação do mundo ao descriarmos a nós mesmos.

* * *

Só possuímos as coisas às quais renunciamos. Se não renunciarmos às coisas, elas nos escapam. Nesse sentido, só é possível possuir as coisas que passaram por Deus.

Comunhão católica. Deus não se fez carne apenas uma vez; ele se faz matéria todos os dias para se dar ao homem e ser consumido por ele. Reciprocamente, pelo cansaço, pela infelicidade e pela morte, o homem é feito matéria e é consumido por Deus. Como poderíamos negar essa reciprocidade?

Ele se esvaziou de sua divindade. Nós devemos nos esvaziar da falsa divindade com que nascemos.

Uma vez que tivermos compreendido que não somos nada, o objetivo de todos os nossos esforços passa a ser nos tornarmos nada. É por esse motivo que sofremos com aceitação, *é por esse motivo que agimos*, é por esse motivo que oramos.

Meu Deus, concede que eu me torne nada.

À medida que eu me torno nada, Deus se ama através de mim.

O que está embaixo é parecido com o que está no alto. Por isso, a escravidão é uma imagem da obediência a Deus; a humilhação é uma imagem da humildade; a necessidade física é uma imagem do impulso irresistível da graça; o abandono dos santos ao cotidiano é uma imagem da fragmentação do tempo nos criminosos e nas prostitutas etc.

Devemos, assim, procurar por aquilo que está mais baixo, como uma imagem.

Que tudo aquilo que é baixo em nós vá para baixo,

para que tudo aquilo que é alto possa ir para o alto. Pois estamos invertidos. Nascemos assim. Restabelecer a ordem é desfazer em nós a criatura.

Reversão do objetivo e do subjetivo.

Reversão, da mesma forma, do positivo e do negativo. Esse é também o sentido da filosofia dos Upanixades.[2]

Nascemos e vivemos ao contrário, pois nascemos e vivemos no pecado, que é uma inversão da hierarquia. A primeira operação é a reversão. A conversão.

Se o grão não morrer...[3] Ele deve morrer para liberar a energia que guarda dentro de si e para que assim outras combinações possam se formar dele.

Nós devemos morrer, da mesma forma, para liberar a energia que está *apegada*, para possuir uma energia livre e capaz de abraçar a verdadeira relação com as coisas.

A extrema dificuldade que tenho às vezes para executar uma ação mínima é um favor que recebi. Pois é assim, com ações ordinárias e sem chamar a atenção, que posso cortar as raízes da árvore. Por mais desapegados da opinião que estivermos, as ações extraordinárias ainda contêm um estímulo inevitável. Esse estímulo está totalmente ausente das ações ordinárias. Ter uma dificuldade extraordinária para fazer uma ação ordinária é um favor ao qual deve-

2. Os Upanixades são parte das escrituras do pensamento védico hindu, e seus textos mais antigos remontam ao século x a.C. Simone Weil traduziu vários trechos dos Upanixades em seus cadernos e costumava ler passagens dessas escrituras para suas companheiras de vindima, quando trabalhava no campo.

3. Passagem do Evangelho de João 12,24: "Amém amém vos digo: quando o grão de trigo não cai por terra e morre, permanece só. Mas se morrer, dá muito fruto".

mos agradecer. Não devemos pedir o desaparecimento dessa dificuldade; devemos, sim, implorar a graça de poder aproveitá-la.

O que devemos querer, em geral, não é o desaparecimento de nenhuma das nossas misérias; mas, sim, a graça que transfigura essas misérias.

Para os homens corajosos, os sofrimentos físicos (e as privações) normalmente são uma prova de resistência e de força do ânimo. Mas podemos fazer melhor uso disso. Espero que, para mim, sejam outra coisa. Que sejam um testemunho sensível da miséria humana. Que eu os sofra de maneira inteiramente passiva. Aconteça o que acontecer, como é que eu poderia achar que uma infelicidade é grande demais, se é justamente a ferida da infelicidade e o rebaixamento ao qual ela condena que permitem o conhecimento da miséria humana, conhecimento que é a porta de toda sabedoria?

Mas também o prazer, a felicidade, a prosperidade — se soubermos reconhecer, dentro disso, o que vem de fora (do acaso, das circunstâncias etc.) — testemunham a miséria humana. Usá-los da mesma forma. E até a graça, enquanto fenômeno sensível...

Ser nada para estar em seu verdadeiro lugar no todo.

A renúncia exige de nós que passemos por angústias equivalentes àquelas que causariam, na realidade, a perda de todos os seres queridos e de todos os bens, inclusive nossas faculdades e aquisições na ordem da inteligência e do caráter, nossas opiniões e crenças sobre o que é bom e o que é estável etc. E o que devemos não é tirar isso de nós mesmos, mas sim perder tudo isso — como Jó. Mas a energia que foi separada de seu objeto dessa forma não deve ser desperdiçada em oscilações e degradada. A angústia deve ser ainda maior que a infelicidade real, não deve ser fragmentada pelo tempo nem dirigida para uma esperança.

Quando a paixão do amor chega até a energia vegetativa, temos casos como Fedra, Arnolfo etc. "E eu sinto aqui dentro que terei que extinguir..."[4]

Hipólito é realmente mais necessário para a vida de Fedra, no sentido mais literal, do que a comida.[5]

Para que o amor de Deus possa penetrar tão baixo, a natureza tem que sofrer a última violência. Jó, a cruz...

O amor de Fedra ou de Arnolfo é impuro. Um amor que pudesse descer tão baixo e que fosse puro...

Tornar-se nada até o nível vegetativo; é só aí que Deus se torna pão.

Se nos considerarmos em um momento determinado — o instante presente, separado do passado e do futuro —, somos inocentes. Neste instante, só podemos ser o que somos: todo progresso implica uma duração. Neste instante, o que está na ordem do mundo é que sejamos assim.

Isolar um instante dessa forma implica o perdão. Mas esse isolamento é desapego.

Só há dois instantes de nudez e pureza perfeitas na vida humana: o nascimento e a morte. Só podemos adorar Deus na forma humana sem macular a divindade enquanto recém-nascidos e enquanto agonizantes.

4. A citação é da peça de Molière, *Escola de mulheres*, verso do monólogo de Arnolfo no início do ato IV, em que o personagem sofre de amor pela jovem Agnes.

5. Hipólito é o personagem de *Fedra*, tragédia de Racine. É por ele que Fedra está doentiamente apaixonada.

Morte. Estado instantâneo, sem passado nem futuro. Indispensável para o acesso à eternidade.

Se encontrarmos a plenitude da alegria no pensamento de que Deus existe, precisamos encontrar a mesma plenitude no conhecimento de que nós próprios não existimos, pois é o mesmo pensamento. E esse conhecimento só se estende à sensibilidade pelo sofrimento e pela morte.

Alegria em Deus. Realmente existe alegria perfeita e infinita em Deus. Minha participação nada pode acrescentar; minha não participação nada pode tirar da realidade dessa alegria perfeita e infinita. Dito isso, que importância tem participar ou não? Importância nenhuma.

Aqueles que desejam a sua salvação não acreditam de fato na realidade da alegria em Deus.

A crença na imortalidade é nociva porque não está em nosso poder representar a alma como algo realmente incorpóreo. Essa crença é na verdade, assim, uma crença no prolongamento da vida; ela nos tira a utilidade da morte.

Presença de Deus. Ela deve ser entendida de duas maneiras. Enquanto criador, Deus está presente em cada coisa que existe, a partir do momento em que isso existe. A presença para a qual Deus precisa da cooperação da criatura é a presença de Deus não enquanto Criador, mas enquanto Espírito. A primeira presença é a presença de criação. A segunda é a presença de descriação. (Aquele que nos criou sem nós não nos salvará sem nós. Santo Agostinho.)[6]

Deus só pôde criar ao se esconder. Caso contrário, não haveria mais nada além dele.

6. A ideia de salvação como um correlato impossível de eludir da divina ação criadora está espalhada por todas as obras de Santo Agostinho.

A santidade também deve, então, ficar escondida — até mesmo, em certa medida, da consciência. E é no mundo que ela deve se manter assim.

Ser e ter. O homem não tem o ser; ele só tem o ter. O ser do homem se situa atrás da cortina, do lado do sobrenatural. Ele só pode conhecer de si aquilo que as circunstâncias emprestaram para ele. *Eu* está escondido para mim (e para os outros); está do lado de Deus, está em Deus, é Deus. Ficar orgulhoso é esquecer que se é Deus... A cortina é a miséria humana: havia uma cortina até mesmo para Cristo.

Jó. Satã para Deus: Tu o amas gratuitamente? É uma questão do nível do amor. Será que o amor se situa no nível das ovelhas, dos campos de trigo, dos muitos filhos? Ou ainda mais longe, na terceira dimensão, atrás? Por mais profundo que seja esse amor, há um momento de ruptura em que ele sucumbe, e é esse momento que transforma, que puxa o finito em direção ao infinito, que torna *transcendente na alma* o amor da alma por Deus. É a morte da alma. Infeliz daquele para quem a morte do corpo precede a da alma! A alma que não está plena de amor morre de uma má morte. Por que uma morte como essa precisa acontecer indistintamente? Tem que ser assim. Tudo tem que acontecer indistintamente.

A aparência está colada ao ser, e só a dor pode arrancar um do outro.

Quem tem o ser não pode ter aparência. A aparência acorrenta o ser.

O curso do tempo arrebata, com violência, o parecer do ser e o ser do parecer. O tempo deixa manifesto que ele não é a eternidade.

Temos que nos desenraizar. Cortar a árvore e fazer dela uma cruz, e então carregá-la todos os dias.

Não temos que ser *eu*, mas temos menos ainda que ser *nós*.

A cidade traz o sentimento de estar em casa.

Ter o sentimento de estar em casa no exílio.

Estar enraizado na ausência de lugar.

Desenraizar-se social e vegetativamente.

Exilar-se de toda pátria terrestre.

Fazer tudo isso para os outros, de fora para dentro, é o ersatz da descriação. É produzir o irreal.

Mas, ao nos desenraizarmos, procuramos por mais real.

# 10
# Apagamento

Deus me deu o ser para que eu o devolvesse a ele. É como uma dessas provas que parecem armadilhas e que vemos nos contos de fadas e nas histórias de iniciação. Se eu aceitar esse dom, ele será ruim e fatal; a virtude aparece pela recusa. Deus permite que eu exista fora dele. Resta a mim recusar essa autorização.

Humildade é recusar uma existência fora de Deus. Rainha das virtudes.

O eu é apenas a sombra projetada pelo pecado e pelo erro que interrompem a luz de Deus e que considero um ser.

Mesmo se pudéssemos ser como Deus, melhor seria ser o barro que obedece a Deus.

O que o lápis é para mim quando, com os olhos fechados, encosto na mesa com sua ponta — ser isso para Cristo. Temos a possibilidade de sermos mediadores entre Deus e a parte da criação que nos é confiada. É necessário nosso consentimento para que, através de nós, ele perceba sua própria criação. Com nosso consentimento, ele opera essa maravilha. Bastaria que eu soubesse me retirar de minha própria alma para que esta mesa que está à minha frente tivesse a incomparável sorte de ser vista por Deus. Deus só pode amar em nós esse consentimento em nos retirar para deixá-lo passar — como ele mesmo, criador, se retirou para nos deixar ser. Essa dupla operação não tem outro sentido além do amor, como o pai que dá ao filho aquilo que vai permitir que a criança faça um presente no dia do aniversário de seu pai. Deus, que não é nada além de amor, não criou nada além do amor.

Privo do contato com Deus todas as coisas que vejo, que escuto, que respiro, que toco, que como, todos os seres que encontro; e privo Deus do contato com tudo isso, na medida em que algo em mim diz eu.

Se eu posso fazer algo por tudo isso e por Deus, é me retirar, respeitar o encontro frente a frente.

O cumprimento estrito do dever simplesmente humano é uma condição para que eu possa me retirar. Aos poucos, isso desgasta as cordas que me retêm no lugar e que me impedem.

Eu não posso conceber a necessidade que Deus tem de me amar, já que sinto com tanta clareza que, até entre os seres humanos, o afeto por mim só pode ser um desprezo. Mas não é difícil imaginar que ele ama essa perspectiva da criação que só é possível ter do ponto em que estou. Mas eu me interponho. Devo me retirar para que ele possa vê-la.

Devo me retirar para que Deus possa entrar em contato com os seres que o acaso coloca no meu caminho e que ele ama. Minha presença é indiscreta, como se eu estivesse entre dois amantes ou dois amigos. Eu sou não a jovem que espera por um noivo, mas o terceiro importuno que está com dois noivos e deve ir embora para que eles fiquem verdadeiramente juntos.

Se eu simplesmente soubesse desaparecer, haveria união de amor perfeito entre Deus e a terra em que caminho, o mar que escuto...

Que importa a energia que há em mim, os dons etc.? Sempre tenho o suficiente para desaparecer.

*A morte, mergulhando meus olhos no escuro,*
*Devolve à luz do dia o seu brilho mais puro...*[1]

Que eu desapareça para que essas coisas que vejo se tornem, por não mais serem coisas que vejo, perfeitamente belas.

O que eu desejo não é, absolutamente, que este mundo que foi criado não seja mais sensível, mas que não seja mais sensível para mim. Para mim, ele não pode dizer seu segredo, que é alto demais. Que eu parta, e o criador e a criatura trocarão seus segredos.

Ver uma paisagem como ela é quando eu não estou...

Quando estou em um lugar, eu maculo o silêncio do céu e da terra com a minha respiração e o batimento do meu coração.

1. "*Et la mort à mes yeux ravissant la clarté/ Rend au jour qu'ils souillaient toute sa pureté...*" Os últimos versos ditos por Fedra antes de se envenenar e morrer. Jean Racine, *Fedra*. Tradução de Millôr Fernandes. São Paulo: L&PM Pocket, 2002, ato V.

## 11
# A necessidade e a obediência

O sol brilha para os justos e para os injustos...[1] Deus se faz *necessidade*. Duas faces da necessidade: exercida e sofrida. Sol e cruz.

Aceitar ser submetido pela necessidade e só agir manejando-a.

*Subordinação*: economia de energia. Graças a ela, um ato de heroísmo pode ser realizado sem que nem aquele que ordena nem aquele que obedece precisem ser heróis.

Conseguir receber ordens de Deus.

Quais são os casos em que a luta contra uma tentação esgota a energia ligada ao bem, e quais são os casos em que essa luta faz com que ela suba na escala das qualidades de energia?

Isso deve depender da respectiva importância do papel da vontade e da atenção.

Precisamos, por amor, merecer sofrer uma coerção.

1. Mateus 5,45: "Mas eu vos digo: amai os vossos inimigos e orai por aqueles que vos perseguem, para vos tornardes filhos do Pai vosso, do que está nos céus, porque ele faz nascer o sol para maus e bons e chover em cima dos justos e dos injustos".

A obediência é a virtude suprema. Amar a necessidade. A necessidade é aquilo que há de mais baixo em relação ao indivíduo (coerção, força, uma "dura necessidade");[2] a necessidade universal é o que liberta disso.

Há casos em que uma coisa é necessária pelo simples fato de que ela é possível. Assim, comer quando temos fome; dar de beber a um ferido que morre de sede, quando há água por perto. Nem um bandido nem um santo se absteriam disso.

Por analogia, discernir os casos em que, mesmo que à primeira vista isso não pareça tão claro, a possibilidade implica uma necessidade. Agir nesses casos e não nos outros.

A semente de romã.[3] Não nos comprometemos em

2. Alusão às palavras de Heitor a Andrômaca na *Ilíada*, Canto VI, v. 458: "pois uma forte necessidade terá se abatido sobre ti". Homero, *Ilíada*. Op. cit. Não é apenas neste texto que Simone Weil cita essa frase de Homero. Em *Journal d'Usine* [Diário de usina], e em outras obras como *Réflexions sur les Causes de la liberté et de l'oppression sociale* [Reflexões sobre as causas da liberdade e da opressão social], a frase também aparece.

3. A semente de romã é o alimento dos mortos na mitologia grega. Simone Weil faz referência ao episódio do rapto feito por Hades da donzela Cora (que se torna Perséfone), filha de Deméter. O rapto, que foi contado por diversos autores como Apolodoro e Nono de Panópolis, ocorreu porque a donzela era cortejada por todos e escondida por sua mãe, Deméter. Hades decide raptá-la e levá-la para seu mundo subterrâneo, onde se casa com ela e a transforma em rainha. Deméter, com o desaparecimento da filha, se descuida de suas tarefas e vai buscá-la no reino de Hades. Mas a donzela já havia comido seis sementes de romã, o que faz com que ela se una irremediavelmente a Hades, pois indica que em alguma instância ela gostaria de estar ali. Por fim, ficou estabelecido que a donzela passaria metade do ano junto a seus pais, quando seria Cora, e a outra metade com Hades, quando seria Perséfone.

amar Deus, mas consentimos com o compromisso que se operou em nós sem nós mesmos.

Em relação às ações virtuosas, fazer apenas aquelas das quais não podemos nos impedir, que não podemos não fazer, mas aumentar constantemente, pela atenção bem dirigida, a quantidade de ações que não podemos não fazer.

Não dar um passo, *mesmo que seja em direção ao bem*, além do ponto ao qual Deus nos impele irresistivelmente, e isso na ação, na palavra e no pensamento. Mas estar disposto a ir, através do impulso, para onde for, até o limite (a cruz...). Estar disposto ao máximo significa rogar para ser impelido, mas sem saber para onde.

Se a minha salvação eterna estivesse sobre esta mesa, na forma de um objeto, e eu só tivesse que estender a mão para pegá-lo, eu não estenderia a mão sem ter recebido a ordem para fazê-lo.[4]

Desapego dos frutos da ação. Esquivar-se dessa fatalidade. Como?

Agir não *para* um objeto, mas *por* uma necessidade. Não posso fazer de outro jeito. Não é uma ação, mas uma espécie de passividade. Ação não ativa.

O escravo é, em certo sentido, um modelo (o mais baixo... o mais alto... a lei é sempre a mesma). A matéria também.

Transferir para fora de si as causas das ações. Ser impelido. Os motivos totalmente puros (ou os mais vis: a lei é sempre a mesma) aparecem como *exteriores*.

4. Simone Weil faz referência à passagem final da *Ética*, de Spinoza (Parte v, Escólio da Proposição 42): "Pois se a salvação estivesse à disposição e pudesse ser encontrada sem maior esforço, como explicar que ela seja negligenciada por quase todos? Mas tudo o que é precioso é tão difícil como raro". Benedictus de Spinoza, *Ética*. Tradução de Tomaz Tadeu. Belo Horizonte: Autêntica, 2016.

* * *

Considerar todo ato não pelo aspecto do objeto, mas pelo do impulso. Não: com que fim? Mas: de onde vem?

"Estava nu e vestistes-me."[5] Esse dom é meramente o sinal do estado em que se encontravam os seres que agiram dessa forma. Eles estavam em um estado tal que não podiam evitar alimentar os que tinham fome, vestir os que estavam nus; o que faziam não era, de maneira alguma, por Cristo, mas eles não podiam evitar fazer tudo isso, porque a compaixão de Cristo estava dentro deles. Como são Nicolau quando atravessou a estepe russa com são Cassiano para um encontro com Deus: ele não pôde evitar, teve que perder a hora do encontro para ajudar um mujique a desatolar uma carroça. O bem realizado dessa forma, quase apesar de si mesmo, quase com vergonha e com remorso, é puro. Todo bem que é absolutamente puro escapa por completo da vontade. O bem é transcendente. Deus é o Bem.

"Eu tive fome e deste-me de comer." Quando, então, Senhor? Eles não sabiam. Não precisamos saber.

Não é *para* Cristo que precisamos socorrer o próximo, mas *por* Cristo. Que o eu desapareça de tal maneira que será Cristo, pelo intermediário constituído por nossa alma e nosso corpo, que irá socorrer o próximo. Ser o escravo enviado pelo amo para dar determinado socorro a determinado infeliz. O socorro vem do amo, mas se dirige ao infeliz. Cristo não sofreu para seu Pai. Ele sofreu para os homens pela vontade do Pai.

5. Versículo do Evangelho de Mateus (25,35-6): "Eu tive fome e destes-me de comer, tive sede e destes-me de beber; eu era estrangeiro e acolhestes-me, estava nu e vestistes-me, estava na prisão e viestes até mim".

Não se pode dizer, sobre o escravo que vai socorrer alguém, que ele faz isso para seu amo. Ele não faz nada. Ainda que, para chegar até o infeliz, andasse sobre pregos com os pés descalços, ele sofreria, mas não estaria fazendo nada. Pois é um escravo.

"Somos escravos inúteis",[6] quer dizer, não fizemos nada.

Em geral, a expressão "para Deus" é ruim. Deus não deve ser posto no dativo.

Não ir até o próximo para Deus, mas ser impelido por Deus em direção ao próximo, como a flecha em direção ao alvo pelo arqueiro.

Não ser mais do que um intermediário entre a terra inculta e o campo lavrado, entre os dados do problema e a solução, entre a página em branco e o poema, entre o infeliz que tem fome e o infeliz saciado.

Entre todas as coisas, só o que vem de fora, gratuitamente, de surpresa, como um dom do destino, sem que tenhamos procurado por isso, é alegria pura. Paralelamente, o bem real só pode vir de fora, nunca do nosso esforço. Não podemos, de forma alguma, fabricar algo que seja melhor do que nós. Assim, o esforço que realmente tende para o bem não deve alcançá-lo; é só depois de uma tensão longa e estéril, que termina em desespero, quando já não esperamos mais nada, que o dom vem de fora, maravilhosa surpresa. Esse esforço foi o destruidor de uma parte da falsa plenitude que há em nós. O vazio divino, mais pleno que a plenitude, veio se instalar em nós.

A vontade de Deus. Como conhecê-la? Se fizermos silêncio dentro de nós, se calarmos todos os desejos, todas as

6. Versículo do Evangelho de Lucas (17,10): "Assim, também vós, quando tiverdes feito tudo o que vos foi ordenado, dizei: 'Somos escravos inúteis; fizemos o que devíamos fazer'".

opiniões e pensarmos com amor, com toda a alma e sem palavras: "Seja feita a vossa vontade"[7] — aquilo que sentimos que devemos fazer depois disso, com toda certeza (mesmo que, de certa forma, possa ser um erro), é a vontade de Deus. Pois, se lhe pedimos pão, ele não vai dar pedras.[8]

Critério convergente. Uma ação ou atitude a favor da qual a razão encontra muitos motivos distintos e convergentes, mas que sentimos que ultrapassa todos os motivos representáveis.

Na prece, não devemos ter em vista nada em particular, a menos que tenhamos recebido a inspiração de forma sobrenatural. Pois Deus é o ser universal. É verdade que ele desce no particular. Ele desceu, ele desce no ato da criação; assim como na Encarnação, na Eucaristia, na Inspiração etc. Mas é um movimento descendente, e nunca ascendente; um movimento de Deus, não de nós. Só podemos operar tal vínculo se ele tiver sido ditado por Deus. Nosso papel é nos mantermos voltados para o universal.

Essa é, talvez, a solução da dificuldade de Berger sobre a impossibilidade de associar o relativo ao absoluto.[9] É impossível por um movimento ascendente, mas é possível por um movimento descendente.

Nunca saberemos se Deus comanda determinada coisa. A intenção orientada para a obediência a Deus nos salva, seja o que for que fizermos, se colocarmos Deus infinita-

7. Versículo do Pai-Nosso, citado em Mateus 6,10.
8. Referência ao "Sermão na Montanha", relatado em Mateus 7,9: "Ou será que existe alguém entre vós, a quem o filho vai pedir pão: [esse pai] não lhe dará uma pedra, não?".
9. Gaston Berger (1896-1960) foi um filósofo francês que ensinou durante anos na Universidade de Aix-en-Provence. Simone Weil o conheceu no começo de 1941, em Marselha, onde Berger dirigia a Société d'études philosophiques.

mente acima de nós; e nos condena, seja o que for que fizermos, se o que chamarmos de Deus for o nosso próprio coração. No primeiro caso, nunca pensamos que aquilo que fizemos, aquilo que fazemos e aquilo que faremos podem ser um bem.

Uso das tentações. Depende da relação da alma com o tempo. Contemplar um mal possível por um longo tempo sem o realizá-lo — isso opera uma espécie de transubstanciação. Se resistirmos ao mal com uma energia finita, essa energia se esgota em um tempo determinado e, quando está esgotada, cedemos. Se nos mantivermos imóveis e atentos, é a tentação que se esgota — e recolhemos a energia restaurada.

Se, igualmente, contemplarmos um bem possível dessa mesma maneira — imóveis e atentos —, também se opera uma transubstanciação da energia, graças à qual executamos esse bem.

A transubstanciação da energia consiste no fato de que, no caso do bem, chega um momento em que já não podemos não realizá-lo.

Isso é, também, um critério do bem e do mal.

Cada criatura que atingiu a obediência perfeita constitui um modo singular, único, insubstituível de presença, de conhecimento e de operação de Deus no mundo.

Necessidade. Ver as relações com as coisas, e nós mesmos, inclusive os fins que temos em nós, como um dos termos. A ação resulta naturalmente disso.

Obediência: existem dois tipos. Podemos obedecer ao peso ou à relação com as coisas. No primeiro caso, fazemos o que somos impelidos a fazer pela imaginação preenchedora de vazios. Podemos colar toda sorte de etiquetas nessas ações, e muitas vezes elas vão parecer verdadeiras, inclusive o bem e Deus. Mas, se suspendermos o trabalho da imaginação preenchedora e fixarmos a atenção na relação com as coisas, aparece uma necessidade à qual não conseguimos não obedecer. Até chegar a esse ponto, não temos a noção da necessidade nem o sentimento da obediência.

Por isso, não podemos ficar orgulhosos daquilo que realizamos, mesmo se tivermos realizado maravilhas.

Resposta do grumete bretão para o jornalista que lhe perguntava como ele conseguiu fazer o que fez: "Alguém tinha que fazer!".[10] O heroísmo mais puro. É mais frequente no povo do que em qualquer outro lugar.

A obediência é o único móbil puro; o único que não se prende, em nenhum grau, à recompensa da ação e que deixa essa recompensa aos cuidados do Pai que está no oculto, que vê no oculto.

Isso com a condição de que a obediência seja a uma necessidade, e não a uma coerção (vazio terrível no caso dos escravos).

Seja o que for que entregarmos de nós mesmos a alguém ou a um grande objetivo, seja qual for a dificuldade que será suportada, se fizermos isso por pura obediência a uma concepção clara da relação com as coisas e à necessidade, nossa determinação será sem esforços, ainda que a realização seja com esforços. Não podemos fazer de outra forma, e não haverá nenhum retorno, nenhum vazio a ser preenchido, nenhum desejo de recompensa, nenhum rancor, nenhum rebaixamento.

10. Numa nota para suas aulas de Auxerre durante o curso de 1932-3, Simone Weil escreve: "'Alguém tinha que fazer', palavras de trabalhador — espírito cartesiano. (A história do jovem grumete de Concarneau que se encarregou do timão durante quarenta e oito horas. *La Tragédie de la mine — Les pauvres gens*, de Victor Hugo)".

* * *

A ação é a agulha indicadora da balança. Não devemos tocar na agulha, mas no peso.[11]

Com as opiniões, é exatamente da mesma forma.

Por isso, haverá ou confusão ou sofrimento.

*Virgens tolas.*[12] — Isso significa que, quando tomamos consciência de que há uma escolha a ser feita, a escolha já foi feita — de uma forma ou de outra. Isso é muito mais verdadeiro que a alegoria de Hércules entre o vício e a virtude.[13]

Quando a natureza, desgarrada de todo impulso carnal e privada de toda luz sobrenatural, executa no homem ações de acordo com o que é imposto pela luz sobrena-

11. "Poids" em francês.
12. Alusão à parábola das dez virgens, presente no Evangelho de Mateus (25,1-13). Com tema evidentemente escatológico, a parábola conta a história de dez virgens, das quais cinco tolas e cinco ajuizadas. As tolas não azeitam suas candeias para aguardar a chegada do noivo; as ajuizadas, sim. Quando o noivo enfim chega, no meio da noite, as virgens ajuizadas pegam suas candeias, enquanto as tolas pedem para que as primeiras compartilhem seu azeite. Tendo recebido uma recusa, as cinco virgens tolas vão comprar azeite, mas, quando voltam e pedem para que abram a porta para elas, o noivo responde apenas que não as conhece. A conclusão da parábola, segundo Mateus, é a seguinte: "Por isso, vigiai; porque não sabeis o dia nem a hora".
13. Referência ao mito da escolha de Hércules, narrado pelo filósofo sofista Pródico de Ceos (século v a.C.) e cuja versão mais antiga foi transmitida por Xenofonte. No mito, Hércules é um jovem confuso, tentado por duas mulheres para alcançar a felicidade — uma representa o Vício, e outra, a Virtude. A primeira apresenta um caminho fácil e agradável; a segunda promete uma trajetória longa e difícil. Hércules se decide pela Virtude.

tural, se ela estiver presente, é produzida a plenitude da pureza. É o ponto central da Paixão.

A justa relação com Deus é, na contemplação, o amor; na ação, a escravidão. Não misturar um com o outro. Agir como escravo, contemplando com amor...

# 12
# Ilusões

Nós nos aproximamos de uma coisa porque acreditamos que ela é boa, e acabamos acorrentados a ela porque ela se torna necessária.

As coisas sensíveis são reais enquanto coisas sensíveis, mas irreais enquanto bens.

A aparência tem a plenitude da realidade, mas apenas enquanto aparência. Enquanto qualquer outra coisa diferente da aparência, é erro.

A ilusão relativa às coisas deste mundo não diz respeito à sua existência, mas ao seu valor. A imagem da caverna remete ao valor. O que possuímos são apenas sombras de imitações de bens. Também em relação ao bem, ficamos cativos, acorrentados (apego). Aceitamos os falsos valores que se apresentam e, quando acreditamos estar agindo, na verdade estamos imóveis, pois permanecemos no mesmo sistema de valores.

Atos que são efetivamente realizados e que, no entanto, são imaginários. Um homem se suicida, sobrevive, mas o desapego que sente depois disso não é maior do que era antes. Seu suicídio era imaginário. O suicídio, sem dúvida, é sempre imaginário, e por isso é proibido.

O tempo propriamente dito não existe (salvo o presente como limite), e, no entanto, é a ele que estamos submetidos. Essa é a nossa condição. *Estamos submetidos ao que não existe.* Seja numa duração passivamente sofrida — dor física, espera, arrependimento, remorso, medo —, seja no tempo manipulado — ordem, método, necessidade —, nos dois casos estamos submetidos a algo que não existe. Mas nossa submissão existe. Estamos realmente presos a correntes irreais. O tempo, irreal, cobre todas as coisas, e nós mesmos, de irrealidade.

Para o avarento, o tesouro é a sombra de uma imitação de bem. É duplamente irreal. Pois um meio (o dinheiro), enquanto tal, já é algo diferente do bem. Mas, considerado fora da sua função de meio, constituído como um fim, ele fica ainda mais distante de ser um bem.

As sensações são irreais por causa dos juízos de valor; as coisas são irreais para nós enquanto valores. Mas atribuir um falso valor a um objeto também priva de realidade a percepção desse objeto, porque sufoca a percepção na imaginação.

Assim, só o desapego perfeito permite que as coisas sejam vistas nuas, fora dessa névoa de valores mentirosos — é por isso que foram necessárias úlceras e esterco para que a beleza do mundo fosse revelada a Jó. Pois não há desapego sem dor. E não há como suportar a dor sem ódio e sem mentira se não houver, também, desapego.

A alma cuja cabeça saiu do céu come o ser.[1]

Já a que se mantém dentro dele come a opinião.

A necessidade é essencialmente alheia ao imaginário.

1. Simone Weil provavelmente se refere ao lugar supraceleste de que fala Platão em *Fedro*.

O que é real na percepção e a distingue do sonho não são as sensações, mas a *necessidade* envolvida por essas sensações.

"Por que essas coisas e não outras?"[2]

"É assim."

Na vida espiritual, ilusão e verdade se distinguem da mesma forma.

O que é real na percepção e a distingue do sonho não são as sensações, mas a necessidade.

Distinção entre aqueles que ficam na caverna, que fecham os olhos e imaginam a viagem, e aqueles que viajam. Real e imaginário também no espiritual — e aqui também é a *necessidade* que faz essa diferença. Não simplesmente o sofrimento, pois há sofrimentos imaginários. Quanto ao sentimento interior, nada é mais enganoso.

Como distinguir o imaginário do real, no domínio espiritual?

Temos que preferir o inferno real ao paraíso imaginário.

O que distingue os estados altos dos estados baixos é que, nos estados altos, coexistem muitos planos superpostos.

A humildade tem como objetivo abolir o imaginário no progresso espiritual. Não há nenhum inconveniente em acreditar que se está muito menos avançado do que realmente se está: nem por isso a luz vai fazer menos efeito, pois sua fonte não está na opinião. Mas há muito incon-

2. A citação é do monólogo de Fígaro na peça *As bodas de Fígaro*, de Beaumarchais (ato v, cena 3).

veniente em se considerar mais avançado, pois, nesse caso, a opinião produz um efeito.

Um critério do real é que ele é duro e rugoso. Podemos encontrar nele alegrias, mas não agrados. O agradável é delírio.

Tentar amar sem imaginar. Amar a aparência nua e sem interpretação. O que amamos, então, é realmente Deus.

Depois de ter passado pelo bem absoluto, voltamos a encontrar os bens ilusórios e parciais, mas dentro de uma ordem hierárquica que nos impede a busca de determinado bem fora do limite permitido pela preocupação com um outro. Essa ordem é transcendente em relação aos bens que ela reúne e é um reflexo do bem absoluto.

Já a razão discursiva (a inteligência das relações) ajuda a dissolver as idolatrias, ao considerar os bens e os males como limitados, misturados e afluentes uns dos outros.

Reconhecer o ponto no qual o bem passa por dentro do mal: na qualidade de, na medida em que, em relação a etc.

Ir além da regra de três.

Trata-se sempre de uma relação com o tempo. Perder a ilusão da possessão do tempo. Encarnar-se.

O homem deve realizar o ato de se encarnar, pois está desencarnado pela imaginação. O que provém de Satã em nós é a imaginação.

Remédio contra o amor imaginário. Conceder a Deus em nós o estritamente mínimo, aquilo que não podemos recusar de maneira alguma — e desejar que um dia, e o mais cedo possível, o estritamente mínimo se torne tudo.

Transposição: acreditar que estamos nos elevando porque, mantendo as mesmas inclinações baixas (por exemplo: desejo de se impor sobre alguém), atribuímos a elas objetivos elevados.

Só estaríamos nos elevando se, pelo contrário, associássemos inclinações elevadas a objetivos baixos.

Há prodígios em todas as paixões. Um jogador é capaz de zelar e jejuar quase como um santo; ele tem premonições etc.

É um grande perigo amar Deus como um jogador ama o jogo.

Prestar atenção no nível em que colocamos o infinito. Se o colocarmos no nível no qual o que convém é só o finito, pouco importa o nome com que ele for chamado.

As partes baixas de mim mesma devem amar Deus, mas não em excesso. Pois então não seria Deus.

Que elas amem como quem tem sede e fome. Somente o mais alto tem o direito de estar saciado.

Temor a Deus em são João da Cruz. Não seria o temor de pensar em Deus quando se é indigno dele? De maculá-lo pensando mal? Por causa desse temor, as partes baixas se afastam de Deus.

A carne é perigosa na medida em que ela se recusa a amar Deus, mas também na medida em que ela se mistura indiscriminadamente ao ato de amá-lo.

Por que a vontade de combater um preconceito é um sinal claro de que já estamos impregnados dele? Essa vontade provém necessariamente de uma obsessão. Ela constitui um esforço totalmente estéril de se livrar do preconceito. Num caso como esse, só a luz da atenção é eficaz, e ela não é compatível com uma intenção polêmica.

O freudismo está inteiramente impregnado do preconceito que ele tem como missão combater: que aquilo que é sexual é vil.

Existe uma diferença essencial entre o místico que dirige a Deus a faculdade de amor e de desejo, cujo fundamento psicológico é constituído pela energia sexual, e a falsa imitação do místico que, deixando sua orientação natural a essa faculdade e atribuindo a ela um objeto imaginário, imprime como etiqueta desse objeto o nome de Deus. A discriminação entre essas duas operações (sendo que a segunda é ainda mais baixa que a devassidão) é difícil, mas é possível.

Deus e o sobrenatural estão ocultos e sem forma no universo. É bom que estejam ocultos e sem nome na alma. Caso contrário, correríamos o risco de ter algo imaginário atrás desse nome (aqueles que alimentaram e vestiram Cristo não sabiam que era Cristo). Sentidos dos mistérios antigos. O cristianismo (católicos e protestantes) fala demais das coisas santas.

Moral e literatura. Mais de três quartos de nossa vida real são compostos de imaginação e de ficção. Os verdadeiros contatos com o bem e o mal são raros.

Uma ciência que não nos aproxima de Deus não vale nada.

Mas, se ela nos aproximar mal dele, ou seja, se nos aproximar de um Deus imaginário, é pior ainda...

É mau acreditar que eu sou a autora daquilo que a natureza opera mecanicamente em mim. Mas é ainda pior acreditar que o autor disso é o Espírito Santo. Está ainda mais longe da verdade.

Diferentes tipos de correlações e passagens entre contrários:

Pela devoção total a uma grande coisa (inclusive Deus), conceder a licença completa para a baixeza em si mesmo.

Pela contemplação da distância infinita entre si mesmo e o que é grande, fazer do eu um instrumento de grandeza.

Com que critério distinguir um do outro?

O único critério possível, creio eu, é que a má correlação torna ilimitado aquilo que não deve sê-lo.

Entre os homens (com exceção das formas supremas da santidade e do gênio), tudo o que dá a impressão de ser verdadeiro é quase necessariamente falso, e tudo o que é verdadeiro quase necessariamente dá a impressão de ser falso.

Para expressar o verdadeiro, é preciso um trabalho. Também para recebê-lo. Já o falso, pelo menos o superficial, é expresso e recebido sem trabalho.

O triunfo da santidade ou do gênio acontece quando o verdadeiro parece pelo menos tão verdadeiro quanto o falso. É o caso de são Francisco, que fazia seus auditórios chorarem assim como um pregador vulgar e teatral.

A duração — os séculos para as civilizações ou os anos e as dezenas de anos para o indivíduo — tem uma função darwiniana de eliminação do inapto. O que é apto a tudo é eterno. Nisso, e apenas nisso, está o valor do que chamamos de experiência. Mas a mentira é uma armadura com a qual o homem, muitas vezes, permite que o inapto dentro dele sobreviva aos acontecimentos que o matariam se ele não tivesse essa armadura (como, por exemplo, o orgulho de sobreviver às humilhações); essa armadura é como que secretada pelo inapto para se precaver diante do perigo (o orgulho, na humilhação, adensa a mentira interior). Acontece, na alma, como que uma fagocitose; tudo o que é ameaçado pelo tempo secreta mentira para não morrer, na proporção do tamanho do perigo de morte. É por isso que não há amor pela verdade se não houver um consentimento sem reservas à morte. A cruz de Cristo é a única porta do conhecimento.

Ver, em cada pecado que eu cometi, um favor de Deus. É um favor o fato de que a imperfeição essencial, que está dissimulada no fundo de mim, tenha se manifestado parcialmente aos meus olhos em tal dia, a tal hora, em tal circunstância. Eu desejo, suplico que minha imperfeição se manifeste por inteiro aos meus olhos, tanto quanto o olhar do pensamento humano seja capaz de suportar. Não para que essa imperfeição seja curada, mas, mesmo quando ela não deva ser curada, para que eu esteja na verdade.

Tudo o que não tem valor foge da luz. Aqui embaixo, podemos nos esconder sob a carne. Na morte, já não podemos mais. Fomos entregues nus à luz. Isso é, dependendo do caso, o inferno, o purgatório e o paraíso.

O que faz com que recuemos diante dos esforços que nos aproximariam do bem é a repugnância da carne, mas não a repugnância da carne diante do esforço. É a repugnância da carne diante do bem. Pois, por uma causa má, se o estímulo é suficientemente forte, a carne aceitará qualquer coisa, sabendo que pode fazê-lo sem morrer. A própria morte, quando acontece por uma causa má, não é realmente morte para a parte carnal da alma. O que é mortal para a parte carnal da alma é ver Deus frente a frente.

É por isso que fugimos do vazio interior: porque Deus poderia deslizar para lá.

O que produz o pecado não é a busca pelo prazer, nem a aversão pelo esforço, mas o medo de Deus. Sabemos que não podemos vê-lo frente a frente sem morrer e não queremos morrer. Sabemos que o pecado é muito eficaz em nos preservar de vê-lo frente a frente: o prazer e a dor nos fornecem apenas o leve impulso indispensável em direção ao pecado, e sobretudo o pretexto e o álibi ainda mais indispensáveis. Assim como as guerras injustas precisam de pretextos, o pecado precisa de falsos bens, pois não podemos suportar a ideia de que o pensamento vai em direção ao mal. A carne não é o que nos afasta de Deus; ela é o véu que colocamos diante de nós para servir de anteparo entre Deus e nós.

Talvez só seja assim a partir de certo ponto. A imagem da caverna parece indicar isso. No princípio, é o movimento que faz mal. Quando chegamos ao orifício, é a luz. Ela não só cega, mas também fere. Os olhos se revoltam contra ela.

A partir desse momento, será possível que só o que podemos cometer são pecados mortais? Não é um pecado mortal usar a carne para se esconder da luz? É um pensamento horrível.

Melhor a lepra.

Eu preciso que Deus me pegue à força, pois se a morte, agora, suprimindo o anteparo da carne, me colocasse diante dele frente a frente, eu fugiria.

# 13
# Idolatria

A idolatria vem do fato de que, tendo sede do bem absoluto, não possuímos a atenção sobrenatural e não temos a paciência para deixá-la crescer.

Na falta de ídolos, precisamos penar com frequência, todos os dias ou quase, no vazio. Isso não pode ser feito sem pão sobrenatural.

A idolatria é, portanto, uma necessidade vital na caverna. Mesmo os melhores não podem evitar que ela limite estreitamente a inteligência e a bondade.

Os pensamentos são variáveis, obedientes às paixões, às fantasias, ao cansaço. A atividade deve ser contínua, todos os dias, muitas horas por dia. Por isso, são necessárias causas da atividade que escapem aos pensamentos e, portanto, às relações: ídolos.

Todos os homens estão dispostos a morrer pelo que amam. Eles só se diferenciam por níveis da coisa amada e da concentração ou da dispersão do amor. Ninguém ama a si mesmo.

O homem gostaria de ser egoísta e não pode. Essa é a característica mais evidente de sua miséria e a fonte de sua grandeza.

O homem sempre se devota a uma *ordem*. Mas, a não ser quando há iluminação sobrenatural, essa ordem tem como centro ou ele mesmo ou um ser particular (que pode ser uma abstração) para o qual ele se transferiu (Napoleão para seus soldados, a Ciência, o Partido etc.). Ordem perspectiva.

Nós não precisamos adquirir a humildade. A humildade está em nós. Só que nos humilhamos diante de falsos deuses.

# 14
# Amor

O amor é um sinal de nossa miséria. Deus só pode amar a si mesmo. Nós só podemos amar outra coisa.

Não é porque Deus nos ama que devemos amá-lo. É porque Deus nos ama que devemos nos amar. Como amar a si mesmo sem um motivo como esse?

É impossível para o homem amar a si mesmo, exceto por esse desvio.

Se me vendarem os olhos e me acorrentarem as mãos a um bastão, esse bastão vai me separar das coisas, mas com ele posso explorá-las. Eu só sinto o bastão, só percebo a parede. O mesmo ocorre com as criaturas em relação à faculdade do amor. O amor sobrenatural só toca as criaturas e só se dirige a Deus. Ele não ama nada além das criaturas (o que mais haveria para amar?), mas como intermediárias. Nesse sentido, ele ama igualmente todas as criaturas, inclusive a si mesmo. Amar um estranho como a si mesmo implica como contrapartida: amar a si mesmo como um estranho.

O amor de Deus é puro quando a alegria e o sofrimento inspiram *igual* gratidão.

* * *

O amor, para quem é feliz, consiste em querer compartilhar o sofrimento do amado infeliz.

O amor, para quem é infeliz, consiste em ser preenchido pelo simples conhecimento de que o amado está alegre, sem participar dessa alegria, nem mesmo desejar participar dela.

Aos olhos de Platão, o amor carnal é uma imagem degradada do verdadeiro amor. O amor humano casto (fidelidade conjugal) é uma imagem menos degradada. A ideia de sublimação só poderia surgir da estupidez contemporânea.

*Amor de Fedro.*[1] Ele não exerce força nem é submetido a ela. Essa é a única pureza. O contato com a espada contém a mesma mácula, tanto do lado da empunhadura quanto do lado da ponta. Para quem ama, o frio do metal não vai suprimir o amor, mas vai produzir o sentimento de ser abandonado por Deus. O amor sobrenatural não tem nenhum contato com a força, mas tampouco protege a alma contra o frio da força, o frio do ferro. Só um apego terrestre, se contiver energia suficiente, pode proteger contra o frio do ferro. A armadura é feita de metal, como a espada. Para quem ama apenas com um amor puro, o assassinato — seja ele o autor ou a vítima — congela a alma, assim como tudo o que, sem atingir a morte, é violência. Se o que desejamos é um amor que proteja a alma das feridas, temos que amar algo diferente de Deus.

1. No *Banquete* de Platão, Fedro, jovem retórico, é o primeiro entre os presentes no festim a discursar sobre o Amor. Em seu discurso, diz que Eros, o Amor, é dos deuses mais antigos e, para nós, a causa dos maiores bens, pois é com ele que se produzem grandes e belas obras. Por nos tornar corajosos, o Amor, segundo Fedro, é a fonte do heroísmo e da inspiração moral.

* * *

O amor tende a ir sempre mais longe. Mas ele tem um limite. Quando o limite é ultrapassado, o amor se transforma em ódio. Para evitar essa modificação, o amor precisa se tornar outro.

De todos os seres humanos, só reconhecemos plenamente a existência daqueles que amamos.

A crença na existência de outros seres humanos enquanto tais é *amor*.

A mente não é forçada a crer na existência de nada (subjetivismo, idealismo absoluto, solipsismo, ceticismo: ver os Upanixades, os taoistas e Platão, que adotam, todos eles, essa atitude filosófica a título de purificação). É por isso que o único órgão de contato com a existência é a aceitação, o amor. É por isso que beleza e realidade são idênticas. É por isso que a alegria e o sentimento de realidade são idênticos.

Essa necessidade de ser o criador daquilo que amamos é uma necessidade de imitação de Deus. Mas é uma tendência à falsa divindade. A não ser que tenhamos acesso ao modelo que só pode ser visto pela perspectiva do outro lado do céu...

Amor puro das criaturas: não amor em Deus, mas amor que passou por Deus como pelo fogo. Amor que se desapega completamente das criaturas para subir até Deus e que volta a descer associado ao amor criador de Deus.

Assim se unem os dois contrários que dilaceram o amor humano: amar o ser amado tal como ele é e querer recriá-lo.

Amor imaginário para as criaturas. Estamos atados por uma corda a todos os objetos de apegos, e uma corda sempre pode ser cortada. Estamos também atados por uma corda ao Deus imaginário, ao Deus para quem o amor é também apego. Mas não estamos atados ao Deus real, e é por isso que nesse caso não há corda que possa ser cortada. Ele entra em nós. Só ele pode entrar em nós. Todas as outras coisas ficam do lado de fora, e delas só conhecemos as tensões variáveis de grau e de direção que se imprimem na corda quando ocorre algum deslocamento delas ou nosso.

O amor precisa de realidade. Há algo mais atroz do que perceber que amamos, através de uma aparência corporal, um ser imaginário? Muito mais atroz do que a morte, pois a morte não impede o amado de ter sido.

É a punição do crime de ter alimentado o amor com a imaginação.

É uma covardia procurar nas pessoas que amamos (ou desejar dar a elas) um reconforto diferente daquele oferecido pelas obras de arte, que nos ajudam pelo simples fato de que *existem*. Amar e ser amado são ações que só fazem essa existência se tornar mutuamente mais concreta, mais constantemente presente para o espírito. Mas ela deve estar presente como a fonte dos pensamentos, não como o seu objeto. Se há espaço para desejar ser compreendido, isso não deve ser para si mesmo, mas para o outro, a fim de existir para ele.

Tudo o que é vil ou medíocre em nós se revolta contra a pureza e, para salvar a própria vida, precisa macular essa pureza.

Macular é modificar, é tocar. O belo é aquilo que não podemos querer mudar. Apoderar-se de algo é macular. Possuir é macular.

Amar puramente é consentir a distância, é adorar a distância entre si e o que se ama.

* * *

A imaginação está sempre ligada a um desejo, ou seja, a um valor. Só o desejo sem objeto está vazio de imaginação. A presença real de Deus está em tudo o que não é velado pela imaginação. O belo captura o desejo em nós e o esvazia do objeto, dando a ele um objeto presente e o impedindo, assim, de se lançar ao futuro.

Esse é o preço do amor casto. Todo desejo de gozo está situado no futuro, no ilusório. Por outro lado, se desejarmos apenas que um ser exista, ele existe: então o que mais poderia ser desejado? O ser amado está, então, nu e real, e não ofuscado por um futuro imaginário. O avarento nunca olha para o seu tesouro sem o imaginar *n* vezes maior. É preciso estar morto para ver as coisas nuas.

Assim, no amor, há castidade ou falta de castidade segundo o desejo que é ou não dirigido ao futuro.

Nesse sentido, o amor dedicado aos mortos, contanto que não esteja dirigido para uma pseudoimortalidade concebida a partir do modelo do futuro, é perfeitamente puro. Pois é o desejo de uma vida finita que não pode mais dar nada de novo. Desejamos que o morto tenha existido, e ele existiu.

No ponto em que o espírito deixa de ser princípio, ele deixa também de ser fim. Daí a rigorosa conexão que existe entre o "pensamento" coletivo, em todas as suas formas, e a perda do sentido, a perda do respeito às almas. A alma é o ser humano considerado como tendo um valor em si mesmo. Amar a alma de uma mulher não é pensar nessa mulher em função de seu próprio prazer etc. O amor já não sabe contemplar; ele quer possuir (desaparição do amor platônico).[2]

2. Esse amor "platônico" não tem nenhuma relação com o que chamamos, hoje, por esse nome. Ele não provém da imaginação,

* * *

É um erro desejar ser compreendido antes de se elucidar para si mesmo. É buscar prazeres na amizade sem merecê-los. É algo que corrompe ainda mais que o amor. Você venderia sua alma pela amizade.

Aprenda a rechaçar a amizade; ou, na verdade, o sonho da amizade. Desejar a amizade é um grande erro. A amizade deve ser uma alegria gratuita, como as alegrias proporcionadas pela arte, ou pela vida. Temos que recusá-la para sermos dignos de recebê-la: ela é da ordem da graça ("Senhor, afasta-te de mim").[3] É dessas coisas que nos são entregues como um acréscimo. *Todo* sonho de amizade merece ser quebrado. Não é por acaso que você nunca foi amada... Desejar escapar da solidão é uma covardia. A amizade não pode ser buscada, não pode ser sonhada, não pode ser desejada; ela é exercida (é uma virtude). Abolir toda essa margem de sentimento, impura e perturbadora. *Schluss!*[4]

Ou então (já que não devemos nos podar com rigor demais), tudo aquilo que não passa por trocas efetivas, na amizade, deve passar por pensamentos refletidos. É totalmente inútil dispensar a virtude inspiradora da amizade. O que deve ser severamente proibido é sonhar com os gozos do sentimento. Isso é corrupção. E é tão estúpido quanto sonhar com a música ou com a pintura. A amizade não se deixa desprender da realidade, não mais do que o belo. Ela constitui um milagre, como o belo. E o milagre consiste simplesmente no fato de que ela *existe*. Com vinte e cinco anos, já passou da hora de acabar radicalmente com a adolescência...

---

mas da alma. É contemplação puramente espiritual. Cf., mais abaixo, o capítulo "Beleza". (N. O.)

3. Essas são as palavras de Simão a Jesus (Lucas 5,8): "Afasta-te de mim, porque sou homem pecador, Senhor".

4. Expressão alemã que significa "Chega!".

* * *

Não se deixe ser presa por nenhum afeto. Preserve sua solidão. No dia, se ele vier, em que um verdadeiro afeto lhe for oferecido, não haverá oposição entre a solidão interior e a amizade — pelo contrário. É até mesmo por esse sinal infalível que você a reconhecerá. Os outros afetos devem ser severamente disciplinados.

As mesmas palavras (por exemplo, um homem diz à sua mulher: "Eu te amo") podem ser vulgares ou extraordinárias de acordo com a maneira como são pronunciadas. E essa maneira depende da profundidade da região do ser de onde elas provêm, que não tem nada a ver com a vontade. E, por um acordo maravilhoso, essas palavras vão tocar, em quem escuta, na mesma região. Assim, quem escuta pode discernir, se tiver discernimento, quanto valem as palavras.

A boa ação é permitida precisamente porque ela constitui uma humilhação ainda maior que a dor, uma prova ainda mais íntima e irrecusável de dependência. E é por isso que o agradecimento está prescrito, porque esse é o uso a ser feito da boa ação recebida. Mas deve ser a dependência em relação ao destino, e não a um ser humano determinado. É por isso que o benfeitor tem a obrigação de estar inteiramente ausente da boa ação. E o reconhecimento não deve, em nenhum grau, constituir uma forma de apego, pois esse é o tipo de reconhecimento dos cães.

O reconhecimento é, antes de qualquer coisa, o gesto de quem socorre, se o socorro for puro. É apenas por reciprocidade que ele vira obrigação.

Para experimentar uma gratidão pura (deixando de lado o caso da amizade), tenho que pensar que me tratam bem não por piedade, ou por simpatia, ou por capricho, por favor ou privilégio, tampouco por um efeito natural do temperamento, mas por desejo de fazer aquilo que a justiça exige. Então, quem me trata desse modo espera que todos aqueles que estão na minha situação sejam tratados do mesmo modo por todos aqueles que estão na situação dele.

# 15
# O mal

A criação: o bem despedaçado e disperso através do mal.
O mal é ilimitado, mas não é infinito.
Só o infinito limita o ilimitado.

Monotonia do mal: nada de novo, tudo nele é *equivalente*. Nada de real, tudo nele é imaginário.

É por causa dessa monotonia que a quantidade representa um papel tão grande. Muitas mulheres (Don Juan) ou homens (Celimene)[1] etc. Condenado à falsa infinitude. Isso é o próprio inferno.

O mal é a licença e por isso é monótono: tudo tem que ser tirado de si mesmo. Ora, não é dado ao homem criar. Isso é só uma tentativa fracassada de imitar Deus.

Não conhecer nem aceitar essa impossibilidade de criar é a fonte de muitos erros. Temos que imitar o ato de criar, e são duas as imitações possíveis — uma real, outra aparente —, conservar e destruir.

1. Don Juan e Celimene são personagens de comédias de Molière, respectivamente, *Don Juan* e *O misantropo*. Ambos os personagens encarnam protótipos de sedutores, cada um típico de seu gênero.

* * *

Não há rastros do "eu" na conservação. Mas na destruição, sim. "Eu" deixa sua marca no mundo ao destruí-lo.

*Literatura e moral.* O mal imaginário é romântico, variado; o mal real é morno, monótono, desértico, entediante. O bem imaginário é entediante; o bem real é sempre novo, maravilhoso, inebriante. A "literatura de imaginação" é, portanto, ou entediante ou imoral (ou uma mistura das duas). A única maneira de ela escapar a essa alternativa é passando, de alguma forma, pela força da arte, para o lado da realidade — e só o gênio pode fazer isso.

Qualquer virtude inferior é uma imagem degradada do bem, da qual é preciso se arrepender e da qual é mais difícil se arrepender do que do mal. Fariseu e publicano.[2]

O bem como contrário do mal é, em certo sentido, equivalente a ele — como todos os contrários.

Aquilo que o mal viola não é o bem, pois o bem é inviolável; só um bem degradado pode ser violado.

Aquilo que é diretamente contrário a um mal nunca é da ordem do bem superior. Geralmente, quase não chega a estar acima do mal! Exemplos: roubo e respeito burguês à propriedade; adultério e "mulher honesta"; poupança e desperdício; mentira e "sinceridade".

2. A parábola do fariseu e do publicano, ou do fariseu e do cobrador de impostos, está no Evangelho de Lucas (18,9-14). Nela, dois homens sobem ao templo para orar, um fariseu e um cobrador de impostos. O fariseu agradece a Deus por não ser pecador como o resto dos homens, ou como o cobrador ao seu lado; o cobrador apenas bate no próprio peito, distanciado, pedindo a Deus piedade por ser um pecador. O segundo volta justificado para casa, o outro não. "Porque todo aquele que se exalta será humilhado, e quem se humilha será exaltado."

* * *

O bem é essencialmente diferente do mal. O mal é múltiplo e fragmentário, o bem é uno; o mal é aparente, o bem é misterioso; o mal consiste em ações, o bem em não ação, em ação não ativa etc. O bem considerado no nível do mal, e opondo-se a ele como um contrário de um contrário, é um bem de código penal. Acima disso, há um bem que, em certo sentido, parece mais com o mal do que com essa forma baixa do bem. Isso propicia muitas demagogias e paradoxos cansativos.

O bem que se define tal como o mal é definido deve ser negado. Ora, o mal nega esse bem. Mas o nega mal.

Será que há uma união de vícios incompatíveis nos seres que se dedicam ao mal? Não acredito nisso. Os vícios se submetem ao peso, e por isso não há profundidade nem transcendência no mal.

Só temos a experiência do bem ao realizá-lo.

Só temos a experiência do mal ao nos proibirmos de realizá-lo; ou, se foi realizado, ao nos arrependermos dele.

Quando realizamos o mal, não o conhecemos, porque o mal foge da luz.

Será que o mal, tal como o concebemos quando não o fazemos, existe? O mal que fazemos não parece uma coisa simples, uma coisa natural que se impõe? Não seria o mal análogo à ilusão? A ilusão, quando somos vítimas dela, não é sentida como uma ilusão, mas como uma realidade. Talvez seja o mesmo com o mal. O mal, quando estamos nele, não é sentido como mal, mas como necessidade ou até como dever.

Uma vez feito o mal, o mal aparece como uma espécie de dever. A maioria das pessoas tem o sentimento do dever em relação a algumas coisas más e a outras boas. Um mesmo homem sente que é seu dever vender algo o mais caro possível e também não roubar etc. O bem, nesses casos, está no nível do mal — um bem sem luz.

A sensibilidade do inocente que sofre é como um crime sensível. O verdadeiro crime não é sensível. O inocente que sofre sabe a verdade sobre o seu carrasco; o carrasco não sabe. O mal que o inocente sente em si está no seu carrasco, mas o carrasco não é sensível a isso. O inocente só pode conhecer o mal como sofrimento. O crime é o que não é sensível para o criminoso. A inocência é o que não é sensível para o inocente.

É o inocente que pode sentir o inferno.

O pecado que carregamos em nós sai de nós e se propaga para fora, exercendo um contágio na forma de pecado. Assim, quando nos irritamos, nosso entorno se irrita. Ou então, do superior para o inferior: a cólera suscita o medo. Mas, em contato com um ser perfeitamente puro, há uma transmutação, e o pecado se torna sofrimento. Essa é a função do justo em Isaías, do cordeiro de Deus.[3] Esse é o sofrimento redentor. Toda a violência criminosa do Império Romano se deparou com Cristo e nele se tornou puro sofrimento. Os seres malvados, ao contrário, transformam o simples sofrimento (por exemplo, a doença) em pecado.

3. No Livro de Isaías 57,1, o justo perece e é "levado diante da injustiça". Em (53,4-7), lê-se: "Este os nossos erros carrega/ E por nossa causa ele sente dor. [...] Como ovelha para a matança foi levado;/ E tal como cordeiro, diante do tosquiador,/ Fica em silêncio, assim ele não abriu a boca".

O resultado disso, talvez, é que a dor redentora deve ter origem social. Ela deve ser injustiça, violência exercida por seres humanos.

O falso Deus transforma o sofrimento em violência. O verdadeiro Deus transforma a violência em sofrimento.

O sofrimento expiatório é o efeito rebote do mal que fazemos. E o sofrimento redentor é a sombra do bem puro que desejamos.

O ato cruel é uma transferência para o outro da degradação que temos em nós. É por isso que tendemos a ele como a uma liberação.

Todo crime é uma transferência do mal de quem age para quem sofre. Do amor ilegítimo ao assassinato.

O aparato da justiça penal foi tão contaminado pelo mal, por estar há séculos em contato com malfeitores sem purificação compensatória, que uma condenação costuma ser uma transferência de mal do aparelho penal para o condenado, e isso até se ele for culpado e se a pena não for desproporcional. Os criminosos endurecidos são os únicos aos quais o aparato penal não pode fazer mal. Para os inocentes, ele faz um mal terrível.

Sempre que há uma transferência de mal, o mal não diminui, mas aumenta na pessoa de quem ele provém. Fenômeno de multiplicação. O mesmo ocorre se for operada uma transferência do mal para os objetos.

Onde, então, colocar o mal?

Devemos transferi-lo da parte impura para a parte pura de nós mesmos, transmutando-o assim em sofrimento puro. O crime que temos em nós deve ser infligido em nós.

Mas, agindo dessa forma, não tardaríamos a macular o ponto de pureza interior se não o renovássemos pelo contato com uma pureza inalterável, que está fora de todo alcance.

A paciência consiste em não transformar o sofrimento em crime. Isso já é o bastante para transformar o crime em sofrimento.

Transferir o mal para as coisas exteriores é deformar as relações das coisas. O que resiste a essa deformação são as coisas exatas e determinadas — número, proporção, harmonia. Seja qual for o meu estado de vigor ou de cansaço, em cinco quilômetros há cinco placas marcando a quilometragem. É por isso que o número nos faz mal quando estamos sofrendo: ele se opõe à operação de transferência. Fixar a atenção naquilo que é rigoroso demais para ser deformado pelas minhas modificações interiores é preparar, em mim, o aparecimento de um invariante e o acesso ao eterno.

Aceitar o mal que nos fazem como remédio ao mal que nós fizemos.

O verdadeiro remédio não é o sofrimento imposto a si mesmo, mas o que é sofrido de fora para dentro. E é até necessário que ele seja injusto. Quando pecamos por injustiça, não basta sofrer com justiça; temos que sofrer a injustiça.

A pureza é absolutamente invulnerável enquanto pureza, no sentido de que não há violência que possa torná-la menos pura. Mas ela é eminentemente vulnerável, no sentido de que, toda vez que o mal consegue alcançá-la, ela sofre, e, toda vez que o pecado a toca, ele se torna, nela, sofrimento.

Se alguém me fizer mal, devo desejar, por amor a quem o infligiu, que esse mal não se degrade, para que essa pessoa não tenha realmente feito o mal.

Os santos (os quase santos) estão mais expostos ao diabo do que os outros, porque o conhecimento real que eles têm de sua própria miséria torna a luz *quase* intolerável.

* * *

O pecado contra o Espírito consiste em conhecer uma coisa como sendo boa e odiá-la por ser boa. Sentimos o equivalente a isso na forma de resistência sempre que nos orientamos para o bem. Pois todo contato com o bem produz um conhecimento da distância entre o mal e o bem e um começo de um penoso esforço de assimilação. É uma dor, e temos medo. Esse medo talvez seja o sinal da realidade do contato. O pecado correspondente só pode se produzir se a falta de esperança tornar intolerável a consciência da distância e transformar a dor em ódio. A esperança é um remédio para isso. Mas um remédio melhor do que esse é a indiferença em relação a si mesmo — ficar feliz que o bem seja bem, mesmo se estivermos longe dele e mesmo supondo que estamos destinados a nos afastar dele infinitamente.

Uma vez que um átomo de bem puro entra na alma, a maior e mais criminosa fraqueza é infinitamente menos perigosa do que a mais ínfima das traições; ela se reduziria a um movimento puramente interior do pensamento, que não dura mais que um instante, mas consentido. Isso é participar do inferno. Enquanto a alma não tiver provado o bem puro, está tão separada do inferno quanto do paraíso.

Uma escolha infernal só é possível por causa do apego à salvação. Aquele que não deseja a alegria de Deus, mas que está satisfeito em saber que realmente há alegria em Deus — esse cai, mas não trai.

Quando amamos Deus através do mal enquanto tal, é realmente Deus que estamos amando.

Amar Deus através do mal enquanto tal. Amar Deus através do mal que odiamos, odiando esse mal. Amar Deus como autor do mal que estamos odiando.

O mal está para o amor assim como o mistério está para a inteligência. O mistério coage a virtude da fé a ser sobrenatural; o mal faz a mesma coisa com a virtude da caridade. E tentar encontrar compensações ou justificativas para o mal é tão nocivo para a caridade quanto tentar expor o conteúdo dos mistérios para o campo da inteligência humana.

Discurso de Ivan nos *Karamázov*: "Por mais extraordinárias que sejam as maravilhas proporcionadas por essa imensa fábrica, se ela custar uma só lágrima de uma só criança, eu a recuso".[4]

Concordo totalmente com esse sentimento. Seja qual for o motivo que me derem para compensar uma lágrima de uma criança, nada me fará aceitar essa lágrima. Absolutamente nenhum motivo que a inteligência possa conceber. Apenas um, mas que só é inteligível ao amor sobrenatural: Deus quis assim. E, por esse motivo, eu aceitaria tanto um mundo completamente mal quanto uma lágrima de criança.

A agonia é a suprema noite escura de que até mesmo os perfeitos precisam para alcançar a pureza absoluta, e, para isso, é melhor que seja amarga.

A irrealidade que subtrai o bem do bem é o que constitui o mal. O mal é sempre a destruição das coisas sensíveis nas quais há uma presença real do bem. O mal é realizado por aqueles que não têm conhecimento dessa presença

4. Simone Weil adapta e resume livremente uma longa fala de Ivan Karamázov, em diálogo com seu irmão Aliócha, a respeito do sofrimento injusto das crianças, presente no capítulo IV do livro V (Parte II), cujo título é "Revolta".

real. Nesse sentido, é verdade que ninguém é voluntariamente cruel. As relações de força dão à ausência o poder de destruir a presença.

Não há como contemplar sem terror a extensão do mal que o homem pode cometer e sofrer.

Como poderíamos acreditar que é possível encontrar uma compensação para esse mal se, por causa desse mal, Deus sofreu a crucificação?

Bem e mal. Realidade. É bom aquilo que dá mais realidade aos seres e às coisas; é mau aquilo que subtrai a sua realidade.

Os romanos fizeram o mal roubando as estátuas das cidades gregas, porque as cidades, os templos e a vida desses gregos tinham menos realidade sem as estátuas, e porque as estátuas não podiam ter tanta realidade em Roma quanto tinham na Grécia.

Súplicas desesperadas e humildes dos gregos para conservar pelo menos algumas estátuas: tentativa desesperada de fazer passar pelo espírito do outro a sua própria noção de valores. Se compreendemos esse gesto assim, ele não tem nada de baixo. Mas é quase necessariamente ineficaz. Dever de compreender e de pesar o sistema de valores do outro, junto com o próprio, na mesma balança. Forjar a balança.

Deixar que a imaginação se detenha no que é mal implica numa espécie de covardia; esperamos gozar, conhecer e crescer através do irreal.

Mas até mesmo deter a própria imaginação em certas coisas dadas como possíveis (o que é muito diferente de conceber claramente a sua possibilidade, algo essencial à virtude) já é se comprometer. A causa disso é a curiosidade. Proibir-se de certos pensamentos (não de concebê-los, mas de se deter neles); não pensar em. Acreditamos que o pensamento não compromete, mas só ele compromete, e a licença para pensar inclui todas as licenças. Não pensar em — faculdade suprema. Pureza — virtude negativa. Se, depois de determos nossa imaginação numa coisa má, encontrarmos outros homens que a tornam objetiva com palavras e ações e, assim, suprimem a barreira social, já estamos quase perdidos. E o que pode ser mais fácil que isso? Não há ponto de ruptura; quando vemos o poço, já estamos dentro dele. Com o bem, é o extremo oposto: o poço é visto quando estamos prestes a entrar nele, no momento da avulsão e do dilaceramento. No bem, nós não caímos. A palavra baixeza expressa essa propriedade do mal.

Mesmo quando realizado, o mal mantém esse caráter de irrealidade; é daí que vem, talvez, a simplicidade dos criminosos; tudo é simples no sonho. Essa simplicidade corresponde com a da suprema virtude.

O mal tem que ser purificado — ou a vida é impossível. Só Deus pode fazer isso. É a ideia da Gita.[5] É também a ideia de Moisés, de Maomé, do hitlerismo...

Mas Jeová, Alá, Hitler são deuses terrestres. A purificação que eles operam é imaginária.

5. "Na primavera de 1940, eu li *Bhagavad-Gita*. Que coisa singular: foi lendo essas palavras maravilhosas, que soavam tão cristãs, postas na boca de uma encarnação de Deus, que eu senti com força que aquilo que devemos à verdade religiosa é algo completamente diferente da adesão a um belo poema; uma espécie de adesão absolutamente categórica." Trecho em minha tradução de *Attente de Dieu* [Espera de Deus], coletânea de cartas escritas por Simone Weil a Joseph-Marie Perrin, em 1942.

A virtude acompanhada de uma percepção clara da possibilidade do mal — e do mal que aparece como um bem — é essencialmente diferente do mal. A presença de ilusões abandonadas, mas presentes no pensamento, talvez seja o critério da verdade.

Só podemos sentir horror por ter feito mal a um outro se estivermos no ponto em que esse outro não pode mais nos fazer mal (amamos então os outros, no limite, como a nós mesmos no passado).

A contemplação da miséria humana nos arrebata em direção a Deus, e só podemos contemplá-la no outro que for amado como a nós mesmos. Não é possível contemplá-la nem em nós mesmos enquanto tais, nem nos outros enquanto tais.

A extrema infelicidade que acomete os seres humanos não cria a miséria humana, apenas a revela.

O pecado e os prestígios da força. A partir do fato de que a alma como um todo não soube conhecer e aceitar a miséria humana, acreditamos que existem diferenças entre os seres humanos, e por causa disso faltamos com a justiça, seja nos diferenciando dos outros, seja acolhendo determinadas pessoas entre outras.

Isso vem do fato de que ignoramos que a quantidade de miséria humana é constante e irredutível, a maior possível em cada um dos homens, e que a grandeza vem de um só Deus, de forma que existe uma identidade entre um homem e outro.

Ficamos surpresos ao ver que a infelicidade não enobrece. É porque, quando pensamos num infeliz, é na sua infelicidade que estamos pensando. Mas o infeliz não pensa na própria infelicidade: sua alma está preenchida pelo alívio mais ínfimo que ele puder cobiçar.

Como é que poderia não haver o mal no mundo? O mundo teria que ser alheio aos nossos desejos. Se ele fosse assim e não contivesse o mal, nossos desejos então seriam inteiramente cruéis. Isso não é necessário.

Entre a criatura e Deus, há todas as gamas de distância. Uma distância em que o amor de Deus é impossível. Matéria, plantas, animais. O mal, nessa distância, é tão completo que ele se destrói; já não existe mal: espelho da inocência divina. Nós estamos no ponto em que o amor é apenas possível. É um grande privilégio, pois o amor que une é proporcional à distância.

Deus criou um mundo que não é o melhor possível, mas que comporta todos os graus de bem e de mal. Nós estamos no ponto em que ele é o pior possível. Pois, para além desse ponto, há o grau em que o mal se torna inocência.

# 16
# A infelicidade

Sofrimento: superioridade do homem sobre Deus. Foi necessária a Encarnação para que essa superioridade não se tornasse escandalosa.

Não devo amar meu sofrimento porque ele é útil, mas porque ele *é*.

Aceitar o que é amargo; a aceitação não precisa incidir sobre a amargura, diminuindo-a, pois assim a aceitação também diminuiria proporcionalmente em força e em pureza. Pois o objeto da aceitação é o amargo enquanto amargo, e não outra coisa. Dizer, como Ivan Karamázov: nada pode compensar uma só lágrima de uma só criança. E, no entanto, aceitar todas as lágrimas e os incontáveis horrores que estão além das lágrimas. Aceitar as coisas não pelas compensações que elas poderiam trazer, mas por elas mesmas. Aceitar que elas sejam simplesmente porque são.

Se não houvesse infelicidade neste mundo, poderíamos acreditar que estamos no paraíso.

Duas concepções do inferno. A ordinária (sofrimento sem consolo); a minha (falsa beatitude, acreditar-se erroneamente no paraíso).

Maior pureza da dor física (Thibon). Daí, maior dignidade do povo.

Não buscar não sofrer nem sofrer menos, mas não ser alterado pelo sofrimento.

A extrema grandeza do cristianismo vem do fato de que ele não busca um remédio sobrenatural contra o sofrimento, mas um uso sobrenatural do sofrimento.

Temos que nos esforçar, tanto quanto possível, para evitar a infelicidade, a fim de que a infelicidade que for encontrada seja perfeitamente pura e perfeitamente amarga.

A alegria é a plenitude do sentimento do real.

Mas sofrer conservando o sentimento do real é melhor. Sofrer sem afundar no pesadelo. Que a dor seja, por um lado, puramente exterior e, por outro, puramente interior. Para isso, ela tem que residir apenas na sensibilidade. Ela é, então, exterior (como algo que está fora das partes espirituais da alma) e interior (como algo concentrado inteiramente em nós mesmos, sem incidir sobre o universo para alterá-lo).

A infelicidade coage a reconhecer como real o que não acreditávamos que era possível.

Infelicidade: o tempo carrega o ser pensante, a despeito deste, em direção àquilo que ele não pode suportar e que, no entanto, virá. "Afasta de mim esse cálice."[1] Cada segun-

1. A frase é dita por Jesus Cristo, depois de ter feito a última refeição com os doze apóstolos. Jesus alerta, nessa ocasião, que um dos apóstolos irá traí-lo; depois disso, saem para o Monte das Oliveiras. Ali, Jesus se afasta para rezar, dizendo a Pedro, Tiago e João: "Aflitíssima está a minha alma até a morte". É depois disso que, distante dos apóstolos, Jesus cai por terra e ora, pedindo: "Pai, tudo te é possível; afasta de mim esse cálice. Não

do que transcorre empurra um ser no mundo em direção a alguma coisa que ele não consegue suportar.

Existe um ponto de infelicidade no qual já não somos capazes de suportar nem que ela continue, nem que sejamos libertos dela.

O sofrimento não é nada fora da relação entre o passado e o futuro, mas há algo mais real para o homem do que essa relação? Ela é a própria realidade.

Futuro. Pensamos que isso vai acontecer amanhã, até o momento em que pensamos que isso nunca vai acontecer.

Dois pensamentos aliviam um pouco a infelicidade. Ou que ela vai acabar quase imediatamente, ou que ela nunca vai acabar. Impossível ou necessária. Mas não conseguimos pensar que ela simplesmente é. Isso é insustentável.

"Não é possível." O que não é possível é pensar num futuro em que a infelicidade continue. O ímpeto natural do pensamento em direção ao futuro é detido; o ser é dilacerado no seu sentimento do tempo. "Em um mês, em um ano, quanto ainda sofreremos?"[2]

---

o que eu quero, mas sim o que Tu queres". A parábola está presente em Marcos 14,36.

2. A frase é dita pela rainha palestina Berenice ao imperador romano Tito, na cena 5 do ato IV da peça *Berenice*, de Jean Racine. A união entre os dois personagens é impossível, e nessa passagem Tito confirma à sua amada: "Eu sinto que sem você não saberei viver/ Que meu coração de mim vai se afastar./ Mas já não devo viver, tenho que reinar". Ao que Berenice aceita, sem outra opção, mas com muito sofrimento: "Não escuto mais nada, e adeus para sempre./ Para sempre! Ah, Senhor, será que pode imaginar/ Quão terrível é essa palavra cruel quando amamos?/ Em um mês, em um ano, quanto ainda sofreremos,/ Senhor, de quem tantos mares me separam?". (Tradução minha.)

O ser que não suporta pensar nem no passado nem no futuro: ele foi rebaixado até o nível da matéria. Russos brancos que trabalham na Renault.[3] Eles aprendiam a obedecer da mesma forma que a matéria, mas certamente fabricavam para si mesmos passados e futuros próximos e mentirosos.

Fragmentação do tempo para os criminosos e as prostitutas; o mesmo ocorre com os escravos. Trata-se, portanto, de uma característica da infelicidade.

O tempo violenta; é a única violência. Um outro te vestirá e te transportará aonde não queres ir;[4] o tempo transporta aonde não queremos ir. Podem me condenar à morte, mas não vão me executar se, nesse intervalo, o tempo parar. Por mais terríveis que sejam as coisas que podem acontecer, como desejar que o tempo pare, que as estrelas parem? A violência do tempo dilacera a alma: é por esse dilaceramento que entra a eternidade.

3. Simone Weil cita algumas vezes os trabalhadores da Renault ou da Citroën no livro *A condição operária*, uma reunião dos diários, cartas e notas feitos pela autora durante o período em que ela trabalhou numa usina, entre 1934 e 1942. Em "Fragmento de carta a X", Simone se dirige ao tal X, contestando a conclusão de que "a vida de um trabalhador especializado da Renault ou da Citroën é uma vida aceitável para um homem que quer conservar a dignidade humana". Em "Cartas a Auguste Detœuf", diretor da fábrica Alsthom na qual Simone Weil trabalhou, a autora menciona exilados russos que estariam "penando miseravelmente como trabalhadores na Renault". Aqui, os "russos brancos" eram os emigrados fugidos especificamente da Revolução Russa.
4. A frase é uma citação bíblica de João 21,18. Jesus, depois de ter perguntado três vezes a Pedro se ele o estima, lhe diz: "Amém te digo: quando eras mais novo, vestias-te e andavas por onde querias. Quando envelheceres, estenderás as tuas mãos e outro te vestirá e te transportará aonde não queres ir".

Todos os problemas remetem ao tempo.

Dor extrema: tempo não orientado: via do inferno ou do paraíso. Perpetuidade ou eternidade.

Não são a alegria e a dor que se opõem, mas as espécies de uma e de outra. Há uma alegria e uma dor infernais, uma alegria e uma dor curativas, uma alegria e uma dor celestes.

Por natureza, fugimos do sofrimento e buscamos o prazer. É só por isso que a alegria serve de imagem para o bem e a dor serve de imagem para o mal. Daí vem o imaginário do paraíso e do inferno. Mas, na verdade, prazer e dor são duplas inseparáveis.

Sofrimento, ensinamento e transformação. Os iniciados não precisam aprender uma coisa; mas uma transformação precisa se operar neles para torná-los aptos a receber o ensinamento.

*Pathos* significa ao mesmo tempo *sofrimento* (principalmente sofrimento até a morte) e *modificação* (principalmente transformação em um ser imortal).

O sofrimento e o gozo como fontes de saber. A serpente ofereceu o conhecimento para Adão e Eva. As sereias ofereceram o conhecimento para Ulisses. Essas histórias ensinam que a alma se perde ao buscar o conhecimento no prazer. Por quê? O prazer talvez seja inocente, mas com a condição de que não busquemos nele o conhecimento. Só é permitido buscar conhecimento no sofrimento.

O infinito dentro do homem está à mercê de um pequeno pedaço de ferro; essa é a condição humana; o espaço e o tempo são a causa disso. É impossível manipular esse pedaço de ferro sem reduzir bruscamente o infinito dentro do homem a um ponto da ponta e um ponto da empunhadura, pelo preço de uma dor dilacerante. Num instante, o ser inteiro é atingido; já não sobra nenhum espaço para Deus, nem mesmo para Cristo, em que o pensamento de Deus não seja, no mínimo, o pensamento de uma privação. Para que haja encarnação, tem que se chegar até aí. O ser inteiro se torna privação de Deus; como ir mais longe? Depois disso, não há mais nada, exceto a ressurreição. Para ir até aí, é necessário o contato frio com o ferro nu.

Ao contato do ferro é necessário se sentir, como Cristo, separado de Deus — sem isso, seria um outro Deus. Os mártires não se sentiam separados de Deus, mas era um outro Deus, e talvez valesse mais a pena não ser mártir. O Deus em quem os mártires encontravam alegria nas torturas ou na morte está próximo do Deus adotado oficialmente pelo Império e, em seguida, imposto por medidas de extermínio.

É absurdo dizer que o mundo não vale nada, que essa vida não vale nada, e dar como prova disso o mal, pois, se tudo isso não vale nada, do que é então que o mal nos priva?

Por melhor que possamos conceber a plenitude da alegria, o sofrimento na infelicidade e a compaixão pelo outro são mais puros e mais intensos. Para quem carece de alegria, do que o sofrimento poderia privar?

E mesmo se concebermos a plenitude da alegria, o sofrimento ainda está para a alegria assim como a fome está para a comida.

Para encontrar a realidade no sofrimento é necessário ter tido a revelação da realidade pela alegria. Caso contrário, a vida não passa de um sonho mais ou menos ruim.

Temos que conseguir encontrar uma realidade ainda mais plena no sofrimento que é um nada, um vazio.

Temos também que amar muito a vida para amar ainda mais a morte.

# 17
# A violência

A morte é a coisa mais preciosa que foi dada ao homem. É por isso que a impiedade suprema é usá-la mal. Morrer mal. Matar mal. (Mas como escapar, ao mesmo tempo, do suicídio e do assassinato?) Depois da morte, o amor. Problema análogo: nem mau gozo, nem má privação. A guerra e Eros são as duas fontes de ilusão e de mentira entre os homens. Sua mistura é a maior das impurezas.

Esforçar-se para substituir, cada vez mais no mundo, a violência pela não violência *eficaz*.

A não violência só é boa se for eficaz. Por exemplo, a questão feita por um jovem a Gandhi a propósito de sua irmã. A resposta deveria ser: use a força, a menos que você seja alguém que possa defendê-la sem violência, mas com a mesma probabilidade de sucesso. A menos que você possua uma irradiação de energia (ou seja, uma eficácia possível no sentido mais material do termo) que seja igual àquela que está contida nos seus músculos.

Esforçar-se para se tornar alguém que possa ser não violento.

Isso depende também do adversário.

Causa das guerras: cada homem, cada grupo humano sente que tem o direito justo e legítimo de ser mestre e dono do universo. Mas essa possessão é mal compreendida, já que ignoram que o acesso a ela — tanto quanto é possível para o homem na Terra — passa, para cada um, pelo seu próprio corpo.

Alexandre está para um proprietário camponês assim como Don Juan está para um marido feliz.

Guerra. Manter intacto em si o amor pela vida; nunca infligir a morte sem antes aceitá-la para si mesmo.

Se a vida de X... estivesse ligada à sua própria até o ponto em que as duas mortes tivessem que ser simultâneas, você iria querer que ele morresse mesmo assim? Se o corpo e a alma inteira aspiram à vida e se, mesmo assim, sem mentir, você puder responder que sim, então tem o direito de matá-lo.

# 18
# A cruz

Todos os que tomarem uma espada, na espada morrerão.[1] E todos os que não tomarem uma espada (ou que a largarem), na cruz morrerão.

O Cristo que cura os enfermos, que ressuscita os mortos etc. representa a parte humilde, humana, quase baixa de sua missão. A parte sobrenatural é o suor de sangue, o desejo insatisfeito de consolos humanos, a súplica por ser poupado, o sentimento de ser abandonado por Deus.

Que abismo de amor, para ambos os lados, é o abandono no momento supremo da crucificação!

"Meu Deus, meu Deus, por que me abandonaste?"

Essa é a verdadeira prova de que o cristianismo é algo divino.

1. A frase é do Evangelho de Mateus (26,52). Na passagem, Judas indica quem é Jesus Cristo a uma multidão com espadas e paus, que avança e o prende. Um dos que estavam com Jesus desembainha sua espada e fere um escravo. Ao que Cristo lhe diz: "Põe de novo a tua espada no lugar dela. Todos os que tomarem uma espada, na espada morrerão".

* * *

Para ser justo, é preciso estar nu e morto. Sem imaginação. É por isso que o modelo da justiça deve estar nu e morto. A cruz é a única coisa que não é suscetível de uma imitação imaginária.

É preciso que haja um homem justo a ser imitado para que a imitação de Deus não seja simplesmente uma palavra, mas, para que sejamos levados até além da vontade, é preciso que não nos seja possível querer imitá-lo. Não podemos querer a cruz.

Poderíamos querer qualquer grau de ascetismo ou de heroísmo, mas não a cruz, que é sofrimento penal.

Quem concebe a crucificação apenas pelo aspecto da oferenda está apagando o mistério salutar e a amargura salutar. Desejar o martírio é muito pouco. A cruz é infinitamente mais do que o martírio.

O sofrimento mais puramente amargo, o sofrimento penal, como garantia de autenticidade.

Cruz. A árvore do pecado foi uma árvore verdadeira; a árvore da vida foi uma viga. Algo que não dá frutos, mas somente o movimento vertical. "É preciso que o filho do homem seja içado ao alto, e ele vos puxará para si."[2] É possível matar dentro de si a energia vital,

2. Aqui parece haver uma referência cruzada entre duas passagens do Evangelho de João. Na primeira delas (3,14-5), a citação — parte de uma conversa de Jesus com o chefe dos judeus — é a seguinte: "E tal como Moisés içou a serpente no deserto, do mesmo modo é preciso que o Filho da Humanidade seja içado ao alto, para que todo que nele crê tenha a vida eterna". Já na segunda passagem (12,32), Jesus diz a uma multidão,

conservando apenas o movimento vertical. As folhas e os frutos são um desperdício de energia, quando só o que queremos é subir.

Eva e Adão quiseram buscar a divindade na energia vital. Uma árvore, um fruto. Mas ela foi preparada para nós em uma madeira morta, geometricamente esquadriada, da qual pende um cadáver. O segredo de nosso parentesco com Deus deve ser buscado na nossa mortalidade.

Deus se esgota, através da espessura infinita do tempo e do espaço,[3] para atingir a alma e seduzi-la. Se ela deixar arrancar de si um consentimento puro e completo, mesmo que isso não dure mais que o tempo de um relâmpago, então Deus a conquistou. E, uma vez que ela tenha se tornado uma coisa inteiramente dele, ele a abandona. Ele a deixa completamente só. E cabe a ela atravessar, às apalpadelas, a espessura infinita do tempo e do espaço, em busca daquele que ela ama. É assim que a alma refaz, no sentido inverso, a viagem que Deus fez em direção a ela. E isso é a cruz.

Deus foi crucificado pelo fato de que os seres finitos — submetidos à necessidade, ao espaço e ao tempo — pensam.

Saber que, como ser pensante e finito, eu sou Deus crucificado.

---

logo depois de terem ouvido uma voz vinda do céu: "E eu, quando for içado ao alto a partir da terra, todos puxarei para mim".

3. No original em francês, a palavra é "espèce", "espécie". Mas, neste mesmo capítulo, algumas vezes Simone Weil cita a "espessura infinita do tempo e do *espaço*", e não da "espécie". Nas traduções para o inglês e para o espanhol, essa palavra foi vertida como "espaço". Como acredito que seja um erro do original, opto também por traduzi-la por "espaço".

Parecer-se com Deus, mas com Deus crucificado.

Com Deus todo-poderoso, desde que ele esteja ligado pela necessidade.

Prometeu, o deus crucificado por ter amado demais os homens. Hipólito, o homem punido por ter sido puro demais e amado demais pelos deuses.[4] É a aproximação do humano com o divino que pede o castigo.

Nós somos o que está mais longe de Deus, no extremo limite onde ainda não é absolutamente impossível voltar a ele. Em nosso ser, Deus está dilacerado. Somos a crucificação de Deus. O amor de Deus por nós é paixão. Como é que o bem poderia amar o mal sem sofrer? E o mal também sofre ao amar o bem. O amor mútuo de Deus e do homem é sofrimento.

Para que possamos sentir a distância entre nós e Deus, Deus precisa ser um escravo crucificado. Pois nós só conseguimos sentir a distância se a sua direção é para baixo.

4. A história de Prometeu foi contada por autores como Hesíodo e Ésquilo. Era um defensor da humanidade: foi ele que roubou o fogo dos deuses e o entregou aos homens. Como punição, Zeus ordenou que Prometeu fosse acorrentado no cume do monte Cáucaso, onde todos os dias uma águia dilacerava seu fígado, que se regenerava diariamente. Já a história de Hipólito foi contada por Eurípedes. Filho de uma amazona e de um rei, o jovem rechaçou o amor de Afrodite. Para puni-lo, a deusa fez com que Fedra, segunda esposa de seu pai, se apaixonasse por ele. Fedra, rejeitada e humilhada, acabou se matando e, antes disso, deixou um bilhete no qual afirmava ter sido desonrada por Hipólito. O jovem, por isso, foi expulso de Atenas pelo pai e castigado por Poseidon: o deus do mar provocou um acidente de carruagem que resultou na morte de Hipólito.

É muito mais fácil colocar-se, na imaginação, no lugar de Deus criador do que no lugar de Cristo crucificado.

As dimensões da caridade do Cristo constituem a distância entre Deus e a criatura.

A função da mediação, por si mesma, implica no esquartejamento...

É por isso que não é possível conceber nem a descida de Deus rumo ao homem nem a ascensão do homem rumo a Deus sem esquartejamento.

Temos que atravessar a espessura infinita do tempo e do espaço, e Deus tem de fazer isso antes para vir até nós, pois ele vem antes. Nas relações entre Deus e o homem, o que há de maior é o amor. Tão grande quanto a distância a ser percorrida.

Para que o amor seja o maior possível, a distância é a maior possível. É por isso que o mal pode ir até o limite extremo — além desse limite, a própria possibilidade do bem desaparece. Ele tem a licença para tocar esse limite. Às vezes parece que chega a ultrapassá-lo.

Em certo sentido, isso é exatamente o contrário do pensamento de Leibniz. O que é com certeza mais compatível com a grandeza de Deus, pois, se ele tivesse feito o melhor dos mundos possíveis, poderia muito pouco.

Deus atravessa a espessura do mundo para vir até nós.

A Paixão é a existência da justiça perfeita, sem nenhuma mistura aparente. A justiça é essencialmente não ativa. Ela deve ser transcendente ou sofredora.

Essa é uma justiça puramente sobrenatural, absolutamente isenta de todo socorro sensível — inclusive do amor de Deus, no que tem de sensível.

O sofrimento redentor é aquele que desnuda o sofrimento e o leva, em sua pureza, até a existência. Isso salva a existência.

Assim como Deus está presente na percepção sensível de um pedaço de pão pela consagração eucarística, também está presente no mal extremo pela dor redentora, pela cruz.

Da miséria humana até Deus. Mas não como compensação ou consolação. Como correlação.

Há pessoas que consideram benéfico tudo aquilo que as aproxima de Deus. Para mim, é tudo aquilo que o distancia. Entre mim e ele, a espessura do universo — e também a da cruz.

A dor é, ao mesmo tempo, totalmente exterior e totalmente essencial para a inocência.

Sangue sobre a neve. A inocência e o mal. Que o próprio mal seja puro. Ele só pode ser puro na forma do sofrimento de um inocente. Um inocente que sofre derrama sobre o mal a luz da salvação. Ele é a imagem visível do Deus inocente. É por isso que um Deus que ama o homem e um homem que ama Deus devem sofrer.

A inocência feliz. Algo que é também infinitamente precioso. Mas é uma felicidade precária, frágil, uma felicidade do acaso. Flores da macieira. A felicidade não está ligada à inocência.

Ser inocente é suportar o peso[5] do universo inteiro. É descartar o contrapeso.

5. "Poids" em francês.

Esvaziando-nos, nós nos expomos a toda a pressão do universo ao redor.

Deus se dá aos homens ou enquanto poderoso, ou enquanto perfeito — a escolha é deles.

## 19
# Balança e alavanca

A cruz como balança, como alavanca. Descida: condição da subida. O céu, ao descer sobre a terra, ergue a terra ao céu.

Alavanca. Abaixar quando se quer erguer.

Da mesma maneira, "quem se rebaixa será erguido".[1]

No domínio da graça, também há uma necessidade e leis. "Até o inferno tem suas leis" (Goethe).[2] O céu também.

1. Há duas passagens do Novo Testamento que se aproximam da frase de Simone Weil. No Evangelho de Mateus (23,12), em um discurso de Jesus às multidões e seus discípulos, ele diz: "Quem se exaltar será humilhado e quem se humilhar será exaltado". No Evangelho de Lucas (18,14), Jesus conta a parábola do fariseu e do cobrador de impostos, e conclui dizendo: "Porque todo aquele que se exalta será humilhado, e quem se humilha será exaltado".
2. Essas são as palavras de Fausto em seu primeiro encontro com Mefistófeles, presentes no volume 1 de *Fausto*, de Goethe. Fausto está, na verdade, perguntando a Mefistófeles: "O inferno, até, tem leis? mas, bravos!/ Podemos pois firmar convosco algum contrato,/ Sem medo de anular-se o pacto?". Johann Wolfgang von Goethe, *Fausto*. Tradução de Jenny Klabin Segall. São Paulo: Editora 34, 2004.

O que regula os fenômenos materiais é uma necessidade rigorosa que exclui toda arbitrariedade, todo acaso. Nas coisas espirituais, há menos arbitrariedade e acaso ainda, se é que isso é possível — e, mesmo assim, elas são livres.

Um é o menor dos números. "O um é o único sábio."[3] É o infinito. Um número que aumenta acha que está se aproximando do infinito. Mas ele está se afastando. Para se erguer, é preciso se rebaixar.

Se 1 é Deus, ∞ é o diabo.

Não é o prazer, mas a miséria humana que contém o segredo da sabedoria divina. Toda busca por um prazer é busca por um paraíso artificial, por uma embriaguez, por um aumento. Mas essa busca não nos dá nada além da experiência de que ela é vã. Só a contemplação de nossos limites e de nossa miséria nos coloca num plano mais elevado.

"Quem se rebaixa será erguido."

Em nós, o movimento ascendente é vão (e até pior que vão) se ele não proceder de um movimento descendente.

*Statera facta corporis.*[4] A balança justa é o corpo crucificado, o corpo reduzido a seu ponto no tempo e no espaço.

3. Simone Weil provavelmente está citando passagens das *Enéadas* de Plotino.

4. "Balança feita com o corpo." A citação é de uma antiga liturgia em latim. Em *Lettre à un réligieux* [Carta a um religioso] (1951), Simone Weil cita essa mesma passagem, fazendo em seguida este comentário: "Esse símbolo da balança é de uma profundidade maravilhosa. A balança representava um papel importante no pensamento egípcio. Quando Cristo morreu, o sol estava na constelação do Carneiro e a lua na da Balança. Mas observe que esse símbolo era chamado de 'as Pinças do Câncer'. Os escritores só começaram a chamá-lo de 'Balança' pouco tempo antes da era cristã".

* * *

Não julgar. À maneira do Pai dos céus, que não julga: por ele, os seres julgam uns aos outros. Deixar que todos os seres venham para nós e que eles se julguem a si mesmos. Ser uma balança.

Então, não seremos julgados, porque teremos nos tornado uma imagem do verdadeiro juiz que não julga.

Quando o universo inteiro pesa sobre nós, não há outro contrapeso possível além do próprio Deus — o verdadeiro Deus, pois os falsos deuses não podem nada, mesmo sob o nome do verdadeiro. O mal é infinito no sentido do que é indeterminado: matéria, espaço, tempo. Só o verdadeiro infinito prevalece sobre esse gênero de infinito. É por isso que a cruz é uma balança na qual um corpo frágil e leve, mas que era Deus, levantou o peso[5] do mundo inteiro. "Dê-me um ponto de apoio, e eu levantarei o mundo."[6] Esse ponto de apoio é a cruz. Não pode haver outro. Ele tem que estar na intersecção entre o mundo e o que não é o mundo. A cruz é essa intersecção.

5. "Poids" em francês.

6. Essa é a famosa declaração que Arquimedes teria feito depois de construir uma alavanca capaz de levantar navios. Em *Lettre à un réligieux* (1951), Simone Weil comenta essa mesma frase: "Pensando nessa metáfora [da balança], a frase de Arquimedes, 'Dá-me um ponto de apoio e eu erguerei o mundo', pode ser vista como uma profecia. O ponto de apoio é a Cruz, intersecção do tempo e da eternidade".

# 20
# O impossível

A vida humana é *impossível*. Mas só a infelicidade nos faz sentir isso.

O bem impossível: "O bem conduz ao mal, o mal ao bem: e quando isso vai acabar?".

*O bem é impossível*. Mas o homem sempre tem a imaginação à sua disposição para, em cada caso particular, esconder de si mesmo essa impossibilidade do bem (para os acontecimentos que não nos aniquilam, basta ocultar uma parte do mal e acrescentar um bem fictício — e alguns podem fazer isso mesmo que tenham sido aniquilados) e, ao mesmo tempo, para esconder de si "o quanto a essência do necessário é diferente da essência do bem"[1] e proibir-se

1. A citação é da *República* de Platão. No livro VI, 493c, Sócrates descreve os sofistas, que, segundo ele, "nada mais ensinam senão as doutrinas da maioria". Para explicar como procedem, ele faz uma analogia: é como se uma pessoa, criando um animal grande e forte, conhecesse seus comportamentos e reações, "chamando bom àquilo que ele aprecia, mau ao que ele detesta, mas sem ter qualquer outra razão para tanto, antes designando por justo e belo o inevitável, porquanto nunca viu qual é a diferença essencial entre a natureza da necessidade e a do bem, nem é capaz de a apontar a outrem. Uma pessoa assim não te parece, por Zeus, um mestre estranho?". Platão, *A República*. Tradução de Maria Helena da Rocha Pereira. Lisboa: Fundação Calouste Gulbenkian, 2017.

de realmente encontrar Deus, que não é nada além do próprio bem — bem que não está em parte alguma deste mundo.

O desejo é impossível; ele destrói seu objeto. Os amantes não podem ser um, nem Narciso pode ser dois. Don Juan, Narciso. Como é impossível desejar alguma coisa, temos que desejar o nada.

Nossa vida é impossibilidade, absurdo. Cada uma das coisas que queremos é contraditória com as condições ou as consequências que estão ligadas a ela; cada uma das afirmações que fazemos implica na afirmação contrária; todos os nossos sentimentos estão misturados aos seus contrários. Isso porque, sendo criaturas, sendo Deus e sendo infinitamente diferentes de Deus, somos contradição.

A contradição, por si mesma, é a prova de que não somos tudo. A contradição é nossa miséria, e o sentimento de nossa miséria é o sentimento da realidade. Pois nós não fabricamos nossa miséria. Ela é verdadeira. É por isso que devemos estimá-la. Todo o resto é imaginário.

A impossibilidade é a porta para o sobrenatural. Tudo o que podemos fazer é bater a essa porta. Quem abre a porta é um outro.

Temos que tocar na impossibilidade para sair do sonho. Nos sonhos, não há impossibilidade. Somente impotência.

"Pai nosso que estais no céu."[2] Há uma espécie de hu-

2. Início do Pai-Nosso, oração mais conhecida do cristianismo. Os versos se encontram no Evangelho de Mateus (6,9-13) e no Evangelho de Lucas (11:2-4). Simone Weil desenvolve o comentário sobre essa oração ao final do livro *Attente de Dieu* (1950), num texto intitulado "À propos du Pater" [Sobre o Pater]. A respeito desse primeiro verso, ela diz: "É nosso Pai; não há nada de real em nós que não proceda dele. Nós somos dele. Eles nos ama, já que ele se ama e já que somos dele. Mas é o Pai

mor aí. Sim, é o seu Pai, mas tente ir buscá-lo lá no alto! Somos exatamente como uma minhoca, incapazes de nos descolar do solo. E como é que ele viria até nós sem descer? Não há nenhuma maneira de representar uma relação entre Deus e o homem que não seja tão ininteligível quanto a Encarnação. A Encarnação estilhaça essa ininteligibilidade. É a maneira mais concreta de pensar essa descida impossível. Por que ela não seria, portanto, a verdade?

Os laços que não podemos atar são o testemunho do transcendente.

Somos seres que conhecem, que querem e que amam — e, a partir do momento em que prestamos atenção nos objetos do conhecimento, da vontade e do amor, reconhecemos a evidência de que não há nenhum deles que não seja *impossível*. Só a mentira pode ocultar essa evidência. A consciência dessa impossibilidade nos obriga a continuamente desejar apreender o inapreensível através de tudo o que desejamos, conhecemos e queremos.

Quando algo parece impossível de ser obtido, seja qual for o esforço, isso indica um limite insuperável nesse nível — e a necessidade de uma mudança de nível, de uma ruptura do teto. Se ficarmos nos esforçando até o esgotamento nesse nível, só vamos nos degradar. É melhor aceitar o limite, contemplá-lo e saborear todo o seu amargor.

O erro como móbil, fonte de energia. Acredito que vi um amigo. Corro até ele. Quando chego mais perto, percebo que a pessoa em direção a quem estou correndo é um

---

que está nos céus. Não em outro lugar. Se nós acreditarmos que temos um Pai aqui embaixo, não será ele, mas um falso Deus".

outro, um desconhecido. Confundimos, da mesma forma, o relativo com o absoluto; as coisas criadas com Deus.

Todos os móbiles particulares são erros. Só a energia que não é fornecida por nenhum móbil é boa: a obediência a Deus, ou seja, considerando que Deus ultrapassa tudo o que podemos imaginar ou conceber, a obediência a nada. Isso é impossível e necessário ao mesmo tempo — em outras palavras, sobrenatural.

Um benefício. É uma boa ação se, ao realizá-lo, tivermos a consciência, com toda a alma, de que um benefício é algo absolutamente impossível.

Fazer o bem. Seja o que for que eu fizer, sei de maneira perfeitamente clara que isso não é o bem. Pois quem não é bom não faz o bem. E "só Deus é bom"...[3]

Em qualquer situação, seja o que for que fizermos, estamos fazendo o mal, e um mal intolerável.

Temos que pedir que todo o mal que fizermos caia apenas e diretamente sobre nós mesmos. Essa é a cruz.

É boa a ação que pode ser realizada mantendo a atenção e a intenção totalmente orientadas para o bem puro e impossível, sem deixar que nenhuma mentira oculte nem a atração, nem a impossibilidade do bem puro.

Nesse sentido, a virtude é totalmente análoga à inspiração artística. É belo o poema que é composto mantendo a atenção orientada para a inspiração inexprimível, enquanto inexprimível.

3. A frase está no Evangelho de Lucas (18,19). Ao ser chamado por um discípulo de "Bom Mestre", Jesus responde: "Por que me chamas bom? Ninguém é bom senão um: Deus".

# 21
# Contradição

As contradições contra as quais a mente se choca: únicas realidades, critério do real. Não há contradição no imaginário. A contradição é a prova da necessidade.

A contradição sentida até o fundo do ser é o dilaceramento, é a cruz.

Quando a atenção manifesta a contradição de algo em que ela se fixou, uma espécie de descolamento se produz. Perseverando por essa via, atingimos o desapego.

A correlação representável dos contrários é uma imagem da correlação transcendente dos contraditórios.

Todo bem verdadeiro comporta condições contraditórias e, consequentemente, é impossível. Fará o bem aquele que agir mantendo a atenção realmente fixada nessa impossibilidade.

Da mesma forma, toda verdade encerra uma contradição.

A contradição é a ponta da pirâmide.

A palavra bem como termo da correlação bem-mal não tem o mesmo sentido de quando designa o próprio ser de Deus.

Existência das virtudes contrárias na alma dos santos. A metáfora da elevação corresponde a isso. Se eu caminho pelo flanco de uma montanha, posso ver primeiro um lago; depois de alguns passos, uma floresta. Tenho que escolher: o lago ou a floresta. Se quero ver, ao mesmo tempo, o lago e a floresta, preciso subir mais alto.

Só que a montanha não existe. Ela é feita de ar. Não podemos subir: temos que ser puxados.

*Prova ontológica experimental.*[1] Eu não tenho um princípio de ascensão dentro de mim. Não posso escalar o ar até o céu. Só orientando meu pensamento em direção a alguma coisa melhor do que eu é que essa coisa poderá me puxar para o alto. Se eu for realmente puxado, é porque essa coisa é real. Nenhuma perfeição imaginária pode me puxar nem mesmo um milímetro para o alto. Pois uma perfeição imaginária se encontra, automaticamente, no mesmo nível do eu que imagina — nem mais alto, nem mais baixo.

Esse efeito da orientação do pensamento não pode ser comparado com a sugestão. Se, todas as manhãs, eu disser para mim mesma: eu sou corajosa, eu não tenho medo — posso até me tornar corajosa, mas de uma coragem que será conforme àquilo que, na minha imperfeição atual, eu represento com esse nome; consequentemente, é uma coragem que não vai além dessa imperfeição. Será uma modificação no mesmo plano, mas não uma mudança de plano.

A contradição é o critério. Não podemos procurar, por sugestão, coisas incompatíveis. Só a graça pode fazer isso. Quando um ser terno se torna corajoso por sugestão, ele endurece e muitas vezes chega a amputar a ternura de si

1. A referência de Simone Weil é à prova anselmiana — de santo Anselmo para a existência de Deus —, que foi chamada de prova ontológica a partir de Kant, e que é reformulada por Descartes nas *Meditações*.

mesmo, com uma espécie de prazer selvagem. Só a graça pode conferir coragem deixando a ternura intacta ou conferir ternura deixando a coragem intacta.

A grande dor do homem, que começa na infância e prossegue até a morte, é o fato de que olhar e comer são duas operações diferentes. A beatitude eterna é um estado no qual olhar é comer.

O que olhamos aqui embaixo não é real, é decoração. O que comemos é destruído, deixa de ser real.

Foi o pecado que produziu essa separação em nós.

As virtudes naturais — se considerarmos a palavra virtude no seu sentido autêntico, ou seja, excluindo as imitações sociais da virtude — só são possíveis, enquanto comportamentos permanentes, para quem tem a graça sobrenatural dentro de si. A duração delas é sobrenatural.

Contrários e contraditórios. O que a relação dos contrários pode fazer para tocar o ser natural, o conjunto de pensamentos contraditórios pode fazer para tocar Deus.

Um homem inspirado por Deus é um homem que tem comportamentos, pensamentos e sentimentos que estão ligados por um laço não representável.

Ideia pitagórica: o bem sempre se define pela união dos contrários. Quando preconizamos o contrário de um mal, permanecemos no nível desse mal. Quando experimentamos o mal, voltamos ao primeiro. É o que a Gita chama de "delírio dos contrários".[2] A dialética marxista é uma visão disso muito degradada e completamente falsa.

2. Segundo as palavras do *Bhagavad-Gita*, a ilusão dos "pares contrários" conduz as criaturas ao engano.

Uma má união dos contrários. O imperialismo operário desenvolvido pelo marxismo. Provérbios latinos sobre a insolência dos escravos recém-libertos. A insolência e a servidão se agravam mutuamente. Os anarquistas sinceros, que entreviram o princípio da união dos contrários por trás de uma neblina, acreditaram que, dando o poder aos oprimidos, destruiriam o mal. Sonho impossível.

O que, então, é específico da má união dos contrários e o que é específico da boa?

A má união dos contrários (má porque mentirosa) é aquela que se dá no mesmo plano em que estão os contrários. Assim, por exemplo, a concessão da dominação para os oprimidos: continuamos dentro da dupla opressão-dominação.

A boa união dos contrários se dá num plano acima. Assim, por exemplo, a oposição entre a dominação e a opressão se desata no nível da lei, que é o equilíbrio.

Da mesma forma, a dor (e é essa sua função própria) separa os contrários que estão unidos para depois uni-los novamente no plano acima daquele de sua união primeira. Pulsação dor-alegria. Mas, matematicamente, a alegria sempre prevalece.

A dor é violência, a alegria é doçura; mas a alegria é a mais forte.

A união dos contraditórios é esquartejamento: ela é impossível sem um sofrimento extremo.

A correlação dos contraditórios é desapego. O apego a uma coisa particular só pode ser destruído mediante outro apego incompatível com o primeiro. Por isso: "Amai os vossos inimigos... Aquele que não odeia seu pai e sua mãe...".[3]

Ou submetemos os contrários, ou somos submetidos pelos contrários.

3. Cf. nota 7, no capítulo 4, "Desapego".

Existência simultânea dos incompatíveis no comportamento da alma; balança que pende dos dois lados ao mesmo tempo: é a santidade, a realização do microcosmo, a imitação da ordem do mundo.

Existência simultânea das virtudes contrárias na alma como pinças para alcançar Deus.

Encontrar e formular algumas leis da condição humana, muitas das quais a observação profunda ilumina casos particulares.

Assim: aquilo que é totalmente superior reproduz aquilo que é totalmente inferior, mas transposto.

Parentesco do mal com a força, com o ser; e parentesco do bem com a fraqueza, com o nada.

E, ao mesmo tempo, o mal é privação. Elucidar a maneira com a qual os contraditórios são verdadeiros.

Método de investigação: assim que se pensa em algo, buscar em que sentido o contrário disso é verdadeiro.[4]

O mal é a sombra do bem. Todo bem real, provido de solidez e de espessura, projeta o mal. Só o bem imaginário não o projeta.

4. Esse aforismo nos entrega a chave das contradições aparentes espalhadas pela obra de Simone Weil: amor pela tradição e desapego em relação ao passado, Deus concebido ao mesmo tempo como realidade suprema e como nada etc. Esses contraditórios são verdadeiros em planos diferentes da existência, e sua oposição se desata no nível do amor sobrenatural. A razão percebe as duas pontas da corrente, mas o centro que as une só é acessível à intuição não representável. (N. O.)

Como todo bem está ligado a um mal, se desejamos o bem e se não queremos espalhar ao redor de nós o seu mal correspondente, somos obrigados a concentrar esse mal em nós mesmos, já que não podemos evitá-lo.

Assim, o desejo do bem totalmente puro implica na aceitação, para si mesmo, do último grau da infelicidade.

Se desejamos apenas o bem, acabamos por entrar em oposição à lei que liga o bem real ao mal como objeto iluminado pela sua sombra, e, por estarmos em oposição à lei universal do mundo, não há como evitar a infelicidade.

O mistério da cruz do Cristo reside em uma contradição, pois é ao mesmo tempo uma oferenda consentida e um castigo que ele sofreu apesar de si mesmo. Se só víssemos a oferenda, poderíamos querer um destino parecido. Mas não podemos querer um castigo sofrido apesar de nós mesmos.

# 22
# A distância entre o necessário e o bem[1]

A necessidade é o véu de Deus.

Deus confiou todos os fenômenos, sem exceção, ao mecanismo do mundo.[2]

Como há em Deus o análogo de todas as virtudes humanas, também há o da obediência. Esse é o papel que ele dá para a necessidade neste mundo.

A necessidade: imagem da indiferença e da imparcialidade de Deus apreensível para a inteligência.

A noção ordinária de milagre, assim, é uma espécie de impiedade (um feito que não teria causa segunda, mas apenas uma causa primeira).

1. Cf. Platão, *A República*. Livro VI. (N. O.)

2. É significativo constatar que Simone Weil estende o determinismo cartesiano e espinosano a todos os fenômenos naturais, inclusive aos fatos psicológicos. O peso, para ela, só é posto em xeque pela graça. Com isso, ela ignora a margem de indeterminação e de "gratuidade" que Deus deixou na natureza, e que permite a inserção da liberdade e do milagre no mundo. Não deixa de ser verdade que o peso é praticamente todo-poderoso: São Tomás reconhece que a maior parte das ações humanas é ditada pelo apetite cego dos sentidos e submetida ao determinismo dos astros. (N. O.)

A distância entre o necessário e o bem é a própria distância entre a criatura e o criador.

A distância entre o necessário e o bem. Contemplá-la infinitamente. Foi a grande descoberta da Grécia. A queda de Troia, com certeza, ensinou isso para eles.

Toda tentativa de justificar o mal com qualquer outra coisa que não seja o fato de que "isso é" constitui uma ofensa contra essa verdade.

Aspiramos somente a rejeitar o intolerável fardo da dupla bem-mal — fardo assumido por Adão e Eva.

Para isso, é preciso ou confundir "a essência do necessário com a do bem",[3] ou sair deste mundo.

O mal só pode ser purificado por Deus ou pela besta social. A pureza purifica o mal. A força também, mas de forma totalmente diferente. Para quem tudo pode, tudo é permitido. Quem serve a um todo-poderoso pode tudo através dele. A força liberta da dupla dos contrários bem-mal. Liberta quem a exerce e até mesmo quem sofre por ela. Um amo tem licença para tudo; um escravo também. A espada, tanto na empunhadura quanto na ponta, liberta da obrigação, que é o peso[4] intolerável. A graça também liberta desse peso, mas só se chega até ela através da obrigação.

Só se escapa do limite subindo até a unidade ou descendo até o ilimitado.

O limite é o testemunho de que Deus nos ama.

A espera pelo fim do mundo próximo modelou o comportamento da Igreja primitiva. Essa crença produzia

3. Para contextualização dessa citação de *A República* de Platão, ver nota 1, no capítulo 20, "O impossível".
4. "Poids" em francês.

neles "o esquecimento da distância imensa que separa o necessário do bem".[5]

A ausência de Deus é o testemunho mais maravilhoso do amor perfeito, e é por isso que a pura necessidade, a necessidade manifestamente diferente do bem, é tão bela.

O ilimitado é a *prova* do uno. O tempo, do eterno. O possível, do necessário. A variação, do invariante.

O valor de uma ciência, de uma obra de arte, de uma moral ou de uma alma pode ser medido pelo seu grau de *resistência* a essa prova.

5. Idem à nota 3.

## 23
# Acaso

Os seres que eu amo são criaturas. Eles nasceram do acaso. Meu encontro com eles também é um acaso. Eles vão morrer. O que pensam, o que sentem e o que fazem é limitado e misturado de bem e de mal.

Saber disso com toda a alma e não amá-los menos.

Imitar Deus, que ama infinitamente as coisas finitas enquanto coisas finitas.

Gostaríamos que tudo aquilo que tem um valor fosse eterno. Ora, tudo aquilo que tem um valor é fruto de um encontro, dura o tempo de um encontro e cessa quando o que se encontrou se separa. Esse é o pensamento central do budismo (pensamento heraclitiano). Ele conduz diretamente a Deus.

A meditação sobre o acaso que fez com que meu pai e minha mãe se encontrassem é ainda mais salutar que a meditação sobre a morte.

Existe algo em mim que não se originou desse encontro? Só Deus. Mas até a *minha* ideia de Deus se origina desse encontro.

Estrelas e árvores frutíferas em flor. A permanência completa e a fragilidade extrema proporcionam um igual sentimento da eternidade.

As teorias sobre o progresso, sobre o "gênio que sempre irrompe",[1] vêm do fato de que é intolerável imaginar que aquilo que há de mais precioso no mundo está entregue ao acaso. Mas, precisamente por ser intolerável, isso deve ser contemplado.

A criação é exatamente isso.

O único bem que não está sujeito ao acaso é aquele que está fora do mundo.

A vulnerabilidade das coisas preciosas é bela porque a vulnerabilidade é uma marca de existência.

Destruição de Troia. Queda das pétalas das árvores frutíferas em flor. Saber que aquilo que há de mais precioso não está enraizado na existência. Isso é belo. Por quê? Porque projeta a alma fora do tempo.

A mulher que deseja uma criança branca como a neve, vermelha como o sangue, consegue a criança — mas ela própria morre, e a criança é entregue a uma madrasta.[2]

1. "*Le génie qui perce toujours*" é uma expressão popular da língua francesa. Há alguns textos do século XVIII que citam essa expressão, como os de Buffon (*Discours sur le Style*) ou Diderot (a primeira sequência de *Le Neveu de Rameau*).
2. Referência ao conto de fadas "Branca de Neve", da tradição oral alemã, que ficou conhecido por nós através da compilação feita pelos Irmãos Grimm no início do século XIX.

# 24
# Aquele que devemos amar está ausente

Deus só pode estar presente na criação em forma de ausência.

O mal e a inocência de Deus. Precisamos colocar Deus a uma distância infinita para concebê-lo como inocente do mal; reciprocamente, o mal indica que precisamos colocar Deus a uma distância infinita.

Este mundo, na medida em que está totalmente vazio de Deus, é o próprio Deus.

A necessidade, na medida em que é absolutamente diferente do bem, é o próprio bem.

É por isso que todo consolo na infelicidade afasta do amor e da verdade.

Esse é o mistério dos mistérios. Quando conseguimos tocá-lo, estamos em segurança.

"No Oriente deserto..."[1] Precisamos estar num deserto. Pois aquele que devemos amar está ausente.

Quem deposita a vida na fé em Deus pode perder sua fé.

1. Conhecido e glosado verso de Jean Racine na peça *Berenice* (ato I, cena IV). O verso completo, dito pelo personagem Antíoco a Berenice, é: "No Oriente deserto qual não foi o meu tédio!".

Mas quem deposita a vida no próprio Deus, esse nunca perderá a fé. Depositar a vida naquilo que não pode ser tocado de maneira alguma. É impossível. É uma morte. É isso que tem de ser feito.

Nada que existe é absolutamente digno de amor.

Precisamos, portanto, amar o que não existe.

Mas esse objeto de amor, que não existe, não é uma ficção. Pois as nossas ficções não podem ser mais dignas de amor do que nós mesmos, e nós não o somos.

Consentimento com o bem — não com um bem apreensível ou representável, mas consentimento incondicional com o bem absoluto.

Ao consentir com aquilo que imaginamos ser o bem, consentimos com uma mistura de bem e de mal; esse consentimento produz bem e mal: a proporção de bem e de mal dentro de nós não muda. O consentimento incondicional com o bem que nós não podemos e nunca poderemos imaginar, ao contrário, é um bem puro e não produz mais do que bem — e basta que ele dure para que, no final das contas, a alma inteira seja somente bem.

A fé (quando se trata de uma interpretação sobrenatural do natural) é uma conjectura baseada, por analogia, em experiências sobrenaturais. Por isso, aqueles que desfrutam do privilégio da contemplação mística *supõem*, por terem tido a experiência da misericórdia de Deus, que o mundo criado é obra de misericórdia, já que Deus é misericórdia. Mas, para constatar essa misericórdia diretamente na natureza, temos que nos tornar cegos, surdos, sem piedade, para então acreditar que podemos fazer isso. Também os judeus e os muçulmanos, que pretendem encontrar na natureza as provas da misericórdia divina, são impiedosos. E os cristãos, frequentemente, também.

É por essa razão que a mística é a única fonte da virtude de humanidade. Pois quando não acreditamos que por trás da cortina do mundo há uma misericórdia infinita, ou quando acreditamos que essa misericórdia está na frente da cortina, nós nos tornamos cruéis.

Existem quatro testemunhos da misericórdia divina aqui embaixo. Os favores de Deus aos seres capazes de contemplação (esses estados existem e são parte da experiência das criaturas). A irradiação desses seres e sua compaixão, que é a compaixão divina dentro deles. A beleza do mundo. O quarto testemunho é a ausência completa de misericórdia aqui embaixo.[2]

Encarnação. Deus é fraco porque é imparcial. Ele envia os raios do sol e a chuva tanto para os bons quanto para os maus. Essa indiferença do Pai e a fraqueza do Cristo são correspondentes. Ausência de Deus. O reino dos céus é como um grão de mostarda...[3] Deus não muda nada de nada. Mataram Cristo, em cólera, porque ele não era mais do que Deus.

2. É precisamente por essa antítese, essa fragmentação entre os efeitos da graça em nós, a beleza do mundo em torno de nós e a implacável necessidade que rege o universo que percebemos Deus ao mesmo tempo como presente para o homem e como absolutamente irredutível a toda medida humana.

3. Referência à parábola do grão de mostarda, presente no Evangelho de Mateus (13,31-2): "Jesus propôs-lhes outra parábola: 'O reino dos céus é semelhante a um grão de mostarda que um homem tomou e semeou no seu campo. É a menor de todas as sementes; mas, quando crescer, torna-se a maior planta do horto e transforma-se numa árvore, a ponto de virem *as aves do céu abrigarem-se nos seus ramos*'". A parábola está presente também no Evangelho de Marcos (4,30-2) e no Evangelho de Lucas (13,18-9).

* * *

Se eu pensasse que Deus me envia a dor por um ato de sua vontade e para o meu bem, eu acreditaria ser alguma coisa e negligenciaria o principal uso da dor, que é me ensinar que eu não sou nada. Não devemos, portanto, pensar em nada parecido com isso. Mas devemos amar Deus através da dor.

Devo amar ser nada. Como seria horrível se eu fosse alguma coisa. Amar meu vazio, amar ser vazia. Amar com a parte da alma que fica do outro lado da cortina, pois a parte da alma que é perceptível à consciência não pode amar o vazio; ela tem horror a ele. Se ela acredita amá-lo, está amando outra coisa diferente do vazio.

Deus envia a infelicidade indistintamente tanto para os cruéis quanto para os bons, assim como a chuva e o sol. Ele não reservou a cruz para Cristo. A única maneira como ele entra em contato com o indivíduo humano enquanto tal é pela graça puramente espiritual, que responde ao olhar que se dirigiu a ele — ou seja, na medida exata em que o indivíduo deixa de ser um. Não há acontecimento que seja um favor de Deus, a não ser a graça.

A comunhão é boa para os bons e má para os maus. Dessa forma, as almas condenadas estão no paraíso, mas, para elas, o paraíso é inferno.

Grito do sofrimento: por quê? Ressoa em toda a *Ilíada.*

Explicar o sofrimento é consolá-lo; portanto, não devemos explicá-lo.

Daí o valor eminente do sofrimento dos inocentes. Ele se parece com a aceitação por parte de Deus, que é inocente, do mal na criação.

O objetivo do caráter irredutível do sofrimento — que faz com que não seja possível não sentir horror a ele enquanto sofremos — é deter a vontade (assim como o absurdo detém a inteligência, assim como a ausência detém o amor), para que o homem, quando chegar ao fim das faculdades humanas, erga os braços, pare, olhe e espere.

"Ele se ri da infelicidade dos inocentes."[4] Silêncio de Deus. Os barulhos daqui debaixo imitam esse silêncio. Não querem dizer nada.

Quando precisamos até as entranhas de um barulho que queira dizer alguma coisa, quando gritamos para obter uma resposta e ela não nos é dada, então tocaremos o silêncio de Deus.

Normalmente, nossa imaginação põe palavras nos barulhos, como quando brincamos preguiçosamente de ver formas na fumaça. Mas, quando estamos esgotados demais, quando já não temos mais coragem de brincar, então precisamos de palavras verdadeiras. Gritamos para consegui-las. O grito dilacera as nossas entranhas. Só o que obtemos é o silêncio.

Alguns, depois de passarem por isso, se põem a falar consigo mesmos como loucos. Seja o que for que fizerem, só podemos ter piedade deles depois disso. Outros, menos numerosos, entregam todo o seu coração ao silêncio.

4. A passagem é do Livro de Jó (9,23), do Antigo Testamento.

# 25
# O ateísmo purificador

Casos de contradições verdadeiras. Deus existe, Deus não existe. Qual é o problema? Tenho certeza absoluta de que há um Deus, no sentido em que tenho certeza absoluta de que meu amor não é ilusório. Tenho certeza absoluta de que não há Deus, no sentido em que tenho certeza absoluta de que nada real se parece com aquilo que posso conceber quando pronuncio esse nome. Mas isso que eu não posso conceber não é uma ilusão.

Há dois ateísmos — um deles é uma purificação da noção de Deus.

Tudo o que é mal talvez tenha um outro aspecto, que é uma purificação no progresso em direção ao bem, e um terceiro aspecto, que é o bem superior.

Três aspectos que precisam ser distinguidos um do outro, pois confundi-los é um grande perigo para o pensamento e para a conduta efetiva da vida.

Entre dois homens que não têm a experiência de Deus, aquele que nega Deus talvez seja o que está mais próximo.

O falso Deus que em tudo se parece com o verdadeiro, exceto pelo fato de que não pode ser tocado, impede para sempre o acesso ao verdadeiro.

Acreditar em um Deus que em tudo se parece com o verdadeiro, exceto pelo fato de que não existe, pois nós não estamos no ponto em que Deus existe.

Os erros de nossa época vêm do cristianismo sem sobrenatural. A causa disso é o laicismo — e, antes disso, o humanismo.

A religião enquanto fonte de consolo é um obstáculo para a verdadeira fé: nesse sentido, o ateísmo é uma purificação. Devo ser ateia com a parte de mim mesma que não foi feita para Deus. Entre os homens que não despertaram a parte sobrenatural deles mesmos, os ateus têm razão e os crentes estão enganados.

Um homem cuja família inteira tenha morrido na tortura e que ele mesmo tenha sido torturado por muito tempo em um campo de concentração. Ou um indígena do século XVI que tenha escapado sozinho do extermínio completo de todo o seu povo. Se homens como esses acreditavam na misericórdia de Deus, de duas uma: ou eles deixaram de acreditar nela, ou então passaram a concebê-la de uma maneira totalmente diferente do que antes. Eu não passei por essas coisas. Mas sei que existem: então, qual é a diferença?

Devo aspirar a ter da misericórdia divina uma concepção que não se apaga, que não muda, independentemente do acontecimento que o destino enviar para mim, e que possa ser comunicada a qualquer ser humano.

## 26
# A atenção e a vontade

Não compreender coisas novas, mas conseguir compreender, com tudo de si, pela força da paciência, do esforço e do método, as verdades evidentes.

Estágios de crença. Quando a verdade mais vulgar invade *toda a alma*, ela é como uma revelação.

Tentar remediar as faltas pela atenção, e não pela vontade.

A vontade só tem controle sobre alguns movimentos de alguns músculos, que estão associados à representação do deslocamento de objetos próximos. Posso ter vontade de colocar a palma da minha mão sobre a mesa. Se a pureza interior, ou a inspiração, ou a verdade no pensamento estivessem necessariamente associadas a atitudes desse tipo, elas poderiam ser objeto da vontade. Mas, como esse não é o caso, nós só podemos implorar por elas. Implorar por elas é acreditar que temos um Pai no céu. Ou então deixar de desejá-las? O que pode ser pior? Só a súplica interior é razoável, pois ela evita o enrijecimento dos músculos que não têm nada a ver com esse assunto. O que pode ser mais tolo que enrijecer os músculos e cerrar os dentes pela virtude, ou pela poesia, ou pela solução de um problema? A atenção é muito diferente disso.

O orgulho é um enrijecimento parecido. Falta graça (no duplo sentido da palavra) ao orgulhoso. É o resultado de um erro.

A atenção, em seu grau mais alto, é a mesma coisa que a prece. Ela supõe a fé e o amor.

A atenção que não se mistura com absolutamente nada é prece.

Se nossa inteligência estiver voltada para o bem, é impossível que a alma inteira, aos poucos e apesar de si mesma, não seja atraída por ele.

A atenção extrema é o que constitui a faculdade criadora no homem, e não há atenção extrema que não seja religiosa. A quantidade de gênios criadores de uma época é rigorosamente proporcional à quantidade de atenção extrema e, portanto, de religião autêntica dessa época.

Má maneira de buscar. Atenção apegada a um problema. Ainda um fenômeno de horror ao vazio. Não queremos ter perdido o nosso esforço. Encarniçamento da caça. Não adianta querer encontrar: como no caso de uma dedicação excessiva, acabamos nos tornando dependentes do objeto do esforço. Precisamos de uma recompensa externa, que às vezes o acaso fornece, e que estamos prontos para receber pelo preço de uma deformação da verdade.

O esforço sem desejo (que não está apegado a um objeto) é o único que, infalivelmente, encerra uma recompensa.

Recuar diante do objeto que perseguimos. Só é eficaz o que é indireto. Não podemos fazer nada se não tivermos, antes de tudo, recuado.

Se puxarmos o cacho, todas as uvas caem no chão.

Há esforços cujo efeito é o contrário do objetivo que buscam (exemplo: devotas amarguradas, falsos ascetismos, certos tipos de devoção etc.). Outros são sempre úteis, mesmo se não tiverem resultado nenhum.

Como distinguir?

Talvez: alguns vêm acompanhados da negação (mentirosa) da miséria interior. Outros, da atenção continuamente concentrada na distância entre aquilo que somos e aquilo que amamos.

O amor instrui deuses e homens, pois ninguém aprende sem desejar aprender. A verdade é buscada não enquanto verdade, mas enquanto bem.

A atenção está ligada ao desejo. Não à vontade, mas ao desejo. Ou, mais exatamente, ao consentimento.

Liberamos a energia de nós mesmos. Mas ela volta a se apegar constantemente. Como liberar toda a energia? Temos que desejar que isso se produza dentro de nós. Realmente desejar. Simplesmente desejar que isso aconteça, não tentar realizar nada. Pois toda tentativa, nesse sentido, será vã e custará caro. Em um trabalho como esse, tudo o que chamo de "eu" deve ser passivo. A única coisa exigida de mim é a atenção — essa atenção tão plena que faz o "eu" desaparecer. Privar tudo o que chamo de "eu" da luz da atenção e transferi-la para o inconcebível.

A capacidade de expulsar um pensamento de uma vez por todas é a porta da eternidade. O infinito num instante.

Usar como exemplo, em relação às tentações, a mulher muito casta que nada responde ao sedutor quando este fala com ela e que finge não ouvi-lo.

Devemos ser indiferentes tanto ao bem quanto ao mal, mas, sendo indiferentes, ou seja, projetando a luz da atenção sobre um e sobre o outro na mesma medida, o que prevalece, por um fenômeno automático, é o bem. É aí que está a graça essencial. E essa é a definição e o critério do bem.

Se não desviarmos a atenção, se não a recusarmos, uma inspiração divina vai infalivelmente, irresistivelmente se operar. Não é possível optar por essa inspiração, basta não se negar a reconhecer que ela existe.

A atenção voltada para Deus com amor (ou, num grau menor, para qualquer coisa autenticamente bela) faz com que certas coisas sejam impossíveis. Assim é a ação não ativa da prece na alma. Existem comportamentos que velariam essa atenção, caso se produzissem, e que, reciprocamente, essa atenção torna impossíveis.

A partir do momento em que existe um ponto de eternidade na alma, nada mais precisa ser feito além de preservá-lo, pois ele cresce por si mesmo, como um grão. Ao redor dele, temos que manter uma guarda armada, imóvel, e alimentá-la com a contemplação dos números, das relações fixas e rigorosas.

Para alimentar o invariante dentro da alma, temos que contemplar o invariante dentro do corpo.

Escrever é como parir; não há como evitar o esforço supremo. Mas agir também do mesmo modo. Se eu não mentir e se eu prestar atenção, não preciso ter medo de não fazer o esforço supremo.

O poeta produz o belo fixando a atenção no real. O ato de amor se produz também do mesmo modo. Saber que esse homem que tem fome e sede realmente existe tanto quanto eu — isso basta, e o resto segue por si mesmo.

Os valores autênticos e puros da verdade, do belo e do bem na atividade de um ser humano são o resultado de um mesmo e único ato, determinada aplicação da plenitude da atenção no objeto.

O único objetivo da educação deveria ser preparar a possibilidade de um ato como esse, pelo exercício da atenção.

Todos os outros ganhos da instrução carecem de interesse.

Estudos e fé. Se a prece não é mais do que a atenção em sua forma pura, e se os estudos constituem uma ginástica da atenção, então cada exercício escolar deve ser uma refração de vida espiritual. Isso exige um método.

Uma maneira específica de fazer uma versão latina, uma maneira específica de resolver um problema de geometria (e não qualquer maneira) são o que constitui uma ginástica da atenção que pode torná-la mais apta para a prece.

Método para compreender as imagens, os símbolos etc. Não tentar interpretá-los, mas olhar para eles até que a luz comece a jorrar.

De forma geral, método para exercer a inteligência, que consiste em olhar.

Aplicação desse método para a discriminação entre o real e o ilusório. Na percepção sensível, se não temos certeza do que estamos vendo, nós nos deslocamos enquanto olhamos, e o real aparece. Na vida interior, o tempo ocupa o lugar do espaço. Com o tempo, nós somos modificados; e se, através das modificações, mantivermos o olhar orientado sempre para a mesma coisa, no final das contas a ilusão se dissipa e o real aparece. A condição para isso é que a atenção seja um olhar, e não um apego.

Quando há luta entre a vontade apegada a uma obrigação e um desejo mau é porque há usura da energia apegada ao bem. Temos que aguentar passivamente a mordida do desejo, como um sofrimento que nos faz sentir a nossa própria miséria, e manter a atenção voltada para o bem. Há, então, uma elevação na escala das qualidades de energia.

Roubar dos desejos sua energia, tirando deles sua orientação no tempo.

Nossos desejos são infinitos em suas pretensões, mas limitados pela energia da qual procedem. É por isso que, com a ajuda da graça, podemos dominá-los e, usando-os, destruí-los. Uma vez que conseguimos compreendê-los com clareza, já os vencemos virtualmente — isso se nós conservarmos a atenção em contato com essa verdade.

*Video meliora...*[1] Nesses estados, parece que estamos pensando no bem, e em certo sentido até estamos, mas não pensamos na sua possibilidade.

É incontestável que o vazio apreendido com as pinças da contradição é aquele que está no alto, pois tanto melhor ele será apreendido quanto mais aguçarmos as faculdades naturais da inteligência, da vontade e do amor. O vazio de baixo é aquele no qual caímos quando deixamos as faculdades naturais se atrofiarem.

A experiência do transcendente: parece contraditório, mas o transcendente só pode ser conhecido através do contato, já que nossas faculdades não podem fabricá-lo.

Solidão. No que consiste o seu preço? Pois estamos em presença da simples matéria (mesmo que seja o céu, as estrelas, a lua, as árvores em flor), coisas cujo preço é menor (talvez) que o de um espírito humano. Seu preço consiste na possibilidade superior de atenção. Se pudéssemos estar atentos nesse mesmo grau quando em presença de um ser humano...

1. "*Video meliora proboque, deteriora sequor*" [Vejo as coisas melhores e as aprovo, mas sigo as piores], palavras presentes nas *Metamorfoses* (Livro VII, 20) de Ovídio, atribuídas a Medeia.

Só podemos saber uma coisa sobre Deus: que ele é o que nós não somos. Só nossa miséria é a sua imagem. Quanto mais a contemplamos, mais o contemplamos.

O pecado não é nada além do desconhecimento da miséria humana. É uma miséria inconsciente e, por isso mesmo, culpada. A história de Cristo é a prova experimental de que a miséria humana é irredutível; de que, no homem absolutamente sem pecado, ela é tão grande quanto para o pecador. Ela só está iluminada...

Para o rico, para o poderoso, é difícil ter conhecimento da miséria humana, pois ele tem uma predisposição quase invencível para acreditar que é alguma coisa. Mas esse conhecimento é igualmente difícil para o miserável, pois ele tem uma predisposição quase invencível para acreditar que o rico, o poderoso, é alguma coisa.

Não é a falta que constitui o pecado mortal, mas o grau de luz que está na alma quando essa falta, seja ela qual for, é cometida.

A pureza é o poder de contemplar a mácula.

A extrema pureza pode contemplar tanto o puro quanto o impuro; já a impureza não pode contemplar nem um, nem outro: o primeiro lhe causa medo, o segundo a absorve. Ela precisa de uma mistura.

# 27
# Adestramento

Temos que realizar o possível para tocar o impossível. O exercício correto (de acordo com o dever) das faculdades naturais da vontade, do amor e do conhecimento é, em relação às realidades espirituais, exatamente o mesmo que o movimento do corpo é em relação à percepção dos objetos sensíveis. Um paralítico não percebe.

A realização do dever estritamente humano é da mesma ordem que a correção nas operações de redigir, traduzir, calcular etc. Desdenhar dessa correção é uma falta de respeito em relação ao objeto. Assim como negligenciar o dever.

Só as coisas relativas à inspiração se alimentam de adiamentos. As coisas relativas ao dever natural, à vontade, não sofrem adiamentos.

Os preceitos não existem para ser praticados; é a prática que é prescrita pela inteligência dos preceitos. São escalas. Ninguém toca Bach sem ter antes praticado escalas. Mas tampouco se pratica a escala pela escala.

Adestramento. A cada vez que nos surpreendermos com um pensamento de orgulho involuntário, devemos, por alguns instantes, voltar o olhar pleno da atenção para a lembrança de uma humilhação da vida passada, e escolher a mais amarga, a mais intolerável possível.

Não precisamos tentar mudar ou apagar dentro de nós os desejos e as aversões, os prazeres e as dores. Precisamos, sim, nos submeter a eles passivamente, como nos submetemos às sensações que as cores provocam, sem atribuir nenhum crédito a elas. Se o vidro da minha janela é vermelho, mesmo que eu raciocine dia e noite durante um ano, é impossível que eu não veja meu quarto rosa. Sei também que é necessário, justo e bom que eu o veja assim. Ao mesmo tempo, só atribuo a essa cor, enquanto informação, um crédito limitado pelo conhecimento de sua relação com o vidro. Aceitar assim, e não de outra forma, os desejos e as aversões, os prazeres e as dores de todo tipo que se produzem em mim.

Por outro lado, como também temos um princípio de violência dentro de nós — a saber, a vontade —, precisamos também, em uma medida limitada, mas na plenitude dessa medida, usar violentamente desse princípio violento; coagir-nos, por violência, a agir como se não tivéssemos tal desejo ou tal aversão, tentar persuadir a sensibilidade, obrigando-a a obedecer. Ela então se revolta, e precisamos nos submeter passivamente a essa revolta, experimentá-la, saboreá-la, aceitá-la como uma coisa exterior, como a cor rosa do quarto cujo vidro da janela é vermelho.

A cada vez que nos violentamos com essa disposição, avançamos pouco ou muito, mas realmente, na operação de adestramento do animal em nós.

É claro que essa violência contra si mesmo tem de ser, para que ela sirva de fato como adestramento, só e simplesmente um meio. Quando adestramos um cão para torná-lo um cão comportado, não batemos nele por bater, mas para adestrá-lo — e, por causa disso, só batemos quando ele deixa de fazer algum exercício. Se batermos no cão sem nenhum método, acabamos por torná-lo impróprio a qualquer adestramento, e é isso que produz o mau ascetismo.

As violências contra si mesmo só são permitidas quando procedem da razão (com o objetivo de executar o que consideramos claramente nosso dever) — ou quando elas são impostas por um impulso irresistível da graça (apesar de que, nesse caso, a violência não procede de si mesma).

A fonte das minhas dificuldades é o fato de que, por esgotamento, por falta de energia vital, eu estou abaixo do nível de atividade normal. Mas, quando algo me toma e me levanta, aí eu fico acima do nível. Em situações assim, me parece uma infelicidade desperdiçar esse tempo em atividades ordinárias. Nos outros momentos, eu teria que me causar uma violência que não conseguiria tirar de dentro de mim.

Eu poderia aceitar a anomalia de comportamento que resulta disso. Mas sei — acredito saber — que não devo. Pois ela contém crimes de omissão dos outros. E, a mim, ela aprisiona.

Qual é, então, o método?

ἐὰν θέλῃς δύνασαί με καθαρίσαι.[1]

Tenho que me exercitar para transformar o sentimento de esforço em sentimento passivo de sofrimento. Quando Deus me envia o sofrimento, seja o que for que eu tenha, sou forçada a sofrer tudo o que há para ser sofrido. Mas por que, quando se trata de dever, não ajo da mesma forma e faço tudo o que há para ser feito?

Montanhas, rochedos, caiam sobre nós e nos protejam do alcance da ira do cordeiro.

Neste momento, eu mereço essa ira.

1. "Se quiseres, podes curar-me." Palavras de um homem leproso para Jesus — que estende a mão, toca o homem e o cura. Essa parábola está presente em Mateus 8,2, Marcos 1,40 e Lucas 5,12. (N. O.)

Não esquecer que, segundo são João da Cruz, as inspirações que nos desviam da realização das obrigações fáceis e baixas provêm do lado mau.

Nós recebemos o dever para que possamos matar o eu. E eu deixo enferrujar um instrumento precioso como esse.

Precisamos realizar o nosso dever no momento prescrito para acreditar na realidade do mundo exterior.

Precisamos acreditar na realidade do tempo. Caso contrário, estaremos sonhando.

Faz anos que eu reconheci esse defeito em mim, que reconheci a sua importância — e nada fiz para aboli-lo. Que desculpa posso dar para isso?

Não está esse defeito crescendo dentro de mim desde que tenho dez anos de idade? Mas, por maior que seja, ele é finito. E isso basta. Se ele for grande a ponto de tirar de mim a possibilidade de apagá-lo durante esta vida para que, assim, eu possa atingir o estado de perfeição, devo aceitá-lo da mesma forma que aceito tudo o que existe, com uma aceitação acompanhada de amor. Basta que eu saiba que ele existe, que é mau, que é finito. Saber efetivamente cada uma dessas três coisas, e as três juntas, implica no começo e na continuação ininterrupta do processo do seu apagamento. Se esse processo não começar a ser produzido, é sinal de que eu não conheço de verdade nem mesmo isso que estou escrevendo agora.

A energia necessária reside em mim, já que eu preciso dela para viver. Tenho que arrancá-la de mim, nem que para isso eu tenha que morrer.

O único critério perfeito do bem e do mal é a prece interior ininterrupta. Tudo aquilo que não a interrompe é permitido; tudo aquilo que a interrompe é proibido. É impossível fazer mal a alguém quando agimos em estado de prece. Mas com a condição de que seja uma prece verdadeira. Mas, antes de chegar a esse estágio, precisamos ter empregado a nossa vontade própria contra a observação das regras.

A esperança é o conhecimento de que o mal que carregamos em nós é finito, e de que a menor orientação da alma para o bem, mesmo que ela dure apenas um instante, vai abolir um pouco desse mal; e que, no domínio espiritual, qualquer bem, infalivelmente, vai produzir bem. Aqueles que não sabem disso estão destinados ao suplício das danaides.[2]

No domínio do espiritual puro, infalivelmente, o bem produz bem e o mal produz mal. Mas, no domínio do natural (inclusive o psicológico), ao contrário, o bem e o mal se produzem reciprocamente. Assim, só podemos ter segurança quando alcançamos o domínio espiritual — o domínio onde, precisamente, já não é possível obter nada por nós mesmos; onde esperamos tudo de fora.

2. As danaides, cujo relato consta no livro *Biblioteca* de Apolodoro, foram as cinquenta filhas do rei de Argos, Dánao, irmão gêmeo de Egipto — que, por sua vez, tinha cinquenta filhos varões. Quando as danaides foram prometidas a seus primos, Dánao desejou se vingar do exílio e aconselhou que as filhas matassem os maridos enquanto eles dormiam. A única a não fazer isso foi a primogênita, Hipermnestra, que havia se apaixonado pelo primo Linceu. Após a morte de Dánao, Linceu foi coroado rei de Argos e condenou, como vingança pela morte de seus irmãos, as 49 danaides ao suplício — eterno como o de Sísifo — de encher de água tonéis que não tinham fundo.

# 28
# A inteligência e a graça

Nós sabemos, por meio da inteligência, que aquilo que a inteligência não apreende é mais real do que aquilo que ela apreende.

A fé é a experiência de que a inteligência é iluminada pelo amor.

A inteligência deve reconhecer, pelos meios que lhe são próprios — ou seja, a constatação e a demonstração —, a preeminência do amor. Ela só deve se submeter se souber por quê, e de maneira perfeitamente precisa e clara. Sem isso, sua submissão é um erro, e aquilo a que ela se submete, apesar da etiqueta, é outra coisa, diferente do amor sobrenatural. É, por exemplo, influência social.

No domínio da inteligência, a virtude da humildade não é mais do que o poder de atenção.

A má humildade leva a crer que não somos nada enquanto nós mesmos, enquanto determinado ser humano em particular.

A humildade verdadeira é o conhecimento de que não somos nada enquanto seres humanos e, de modo mais geral, enquanto criaturas.

A inteligência participa disso em grande medida. Precisamos conceber o universal.

Quando escutamos Bach ou uma melodia gregoriana, todas as faculdades da alma se tensionam e se calam, cada uma à sua maneira, para apreender essa coisa perfeitamente bela. Entre outras, a inteligência: ela não encontra ali nada para afirmar nem para negar, mas ela se alimenta disso.

Não deveria a fé ser uma adesão desse tipo?

Nós degradamos os mistérios da fé quando fazemos dela um objeto de afirmação ou de negação, quando ela deve ser um objeto de contemplação.

O papel privilegiado da inteligência no amor verdadeiro vem do fato de que é inerente à natureza da inteligência apagar a si mesma apenas por se exercer. Posso me esforçar para chegar até as verdades, mas, uma vez que elas estão aqui, elas existem e eu não tenho mais nada a ver com isso.

Não há nada mais próximo da verdadeira humildade do que a inteligência. É impossível se orgulhar da própria inteligência no momento em que ela realmente é exercida. E, quando a exercemos, já não estamos apegados a ela. Pois sabemos que, mesmo se nos tornarmos idiotas no próximo instante, e para o resto de nossa vida, a verdade vai continuar a existir.

Os mistérios da fé católica não são feitos para que todas as partes da alma creiam neles. A presença do Cristo na hóstia não é igual à presença da alma de Paulo no corpo de Paulo (ambos, aliás, são completamente incompreensíveis, mas não da mesma maneira). A Eucaristia, portanto, não deve ser um objeto de crença para a parte de mim mesma que apreende os fatos. Isso é o que o protestantismo tem de verdadeiro. Mas essa presença do Cristo na hóstia não é um símbolo, pois um símbolo é a combinação de uma abstração e de uma imagem, algo representável pela inteligência humana, e não sobrenatural. Nisso, são os católicos que têm razão, e não os protestantes. Só a parte de nós mesmos que é feita para o sobrenatural deve aderir a esses mistérios.

O papel da inteligência — dessa parte de nós mesmos que afirma e que nega, que dá opiniões — é apenas a submissão. Tudo aquilo que eu concebo como verdadeiro é menos verdadeiro que essas coisas das quais não posso conceber a verdade, mas que eu amo. São João da Cruz chama a fé de uma noite. Para aqueles que têm uma educação cristã, as partes inferiores da alma se apegam a esses mistérios, quando na verdade elas não têm nenhum direito a isso. É por isso que eles precisam de uma purificação cujas etapas são descritas por são João da Cruz. O ateísmo e a incredulidade constituem algo equivalente a essa purificação.

O desejo de descobrir o novo nos impede de deter o pensamento no significado transcendente e irrepresentável do que já foi descoberto. A minha total falta de talento é um grande favor que recebi, pois por causa dela esse desejo se torna inacessível para mim. A ausência reconhecida e aceita de dotes intelectuais coage o exercício desinteressado da inteligência.

O objeto da busca não deve ser o sobrenatural, mas o mundo. O sobrenatural é a luz: se fazemos dele um objeto, nós o rebaixamos.

O mundo é um texto com diversos significados, e passamos de um significado para o outro através de um trabalho. Um trabalho do qual o corpo sempre participa, como quando aprendemos o alfabeto de uma língua estrangeira: esse alfabeto deve ir entrando na mão de tanto traçarmos as letras. Fora isso, toda mudança na maneira de pensar é ilusória.

Não temos que escolher entre uma opinião ou outra: precisamos acolher todas elas, mas dispondo-as verticalmente e acomodando-as em níveis convenientes.

Portanto: acaso, destino, Providência.

A inteligência não pode nunca penetrar o mistério, mas pode — e ela é a única que pode — dar conta da conveniência das palavras que o expressam. Com essa finalidade, ela deve ser mais aguda, mais perspicaz, mais precisa, mais rigorosa e mais exigente do que com qualquer outra.

Os gregos acreditavam que só a verdade convinha às coisas divinas, não o erro ou a aproximação; e o caráter divino de alguma coisa os tornava mais exigentes em relação à exatidão. (Nós fazemos exatamente o contrário, deformados que estamos pelo hábito da propaganda.) É porque eles viram na geometria uma revelação divina que inventaram a demonstração rigorosa...

No domínio das relações entre o homem e o sobrenatural, precisamos buscar uma precisão que seja mais do que matemática; algo que seja mais preciso do que a ciência.[1]

A suposição do racional no sentido cartesiano — ou seja, do mecanismo, da necessidade humanamente representável — deve ser feita sempre que possível, para com isso evidenciar aquilo que nele é irredutível.

O uso da razão faz com que as coisas fiquem transparentes para a mente. Mas nós não conseguimos ver o transparente. Vemos o opaco através do transparente, o opaco que estava escondido quando o transparente não

1. Essa é mais uma contradição que só se decifra no inefável: a vida mística, que só revela o arbitrário divino, é, no entanto, submetida a leis rigorosas. São João da Cruz pôde dar um esquema geométrico do itinerário da alma em direção a Deus. (N. O.)

era transparente. Vemos a poeira sobre o vidro ou a paisagem atrás do vidro, mas nunca o próprio vidro. Limpar a poeira só serve para poder ver melhor a paisagem. A razão só deve exercer a sua função para chegar aos verdadeiros mistérios, aos verdadeiros indemonstráveis que são o real. O incompreendido esconde o incompreensível — e, por esse motivo, deve ser eliminado.

A ciência, hoje, ou vai buscar uma fonte de inspiração acima dela, ou vai sucumbir.

A ciência só apresenta três pontos de interesse: 1) as aplicações técnicas; 2) jogo de xadrez; 3) caminho para Deus. (O jogo de xadrez é incrementado com concursos, prêmios e medalhas.)

Pitágoras. Só essa concepção mística da geometria é que pôde fornecer o grau de atenção necessário para o início dessa ciência. Não é reconhecido, aliás, que a astronomia sai da astrologia, e que a química sai da alquimia? Mas interpretam essa filiação como um progresso, quando na verdade o que há é a degradação da atenção. A astrologia e a alquimia transcendentes são a contemplação das verdades eternas nos símbolos fornecidos pelos astros e as combinações de substâncias. A astronomia e a química são degradações disso. A astrologia e a alquimia como magias são degradações ainda mais baixas. Só a atenção religiosa é atenção plena.

Galileu. Tendo como princípio o movimento reto ilimitado, e não mais o movimento circular, a ciência moderna já não podia ser uma ponte em direção a Deus.

A limpeza filosófica da religião católica nunca foi feita. Para fazer isso, seria preciso estar dentro *e* fora ao mesmo tempo.

# 29
# Leituras[1]

Outrem. Perceber cada ser humano (imagem de nós mesmos) como uma prisão onde habita um prisioneiro, com todo o universo ao seu redor.

Electra, filha de um pai poderoso, reduzida à escravidão, cuja única esperança era seu irmão, vê um jovem que anuncia a morte desse irmão — e, no momento mais completo da desgraça, é revelado que esse jovem é seu irmão.[2]

1. Para Simone Weil, esse vocábulo significa: interpretação afetiva, julgamento concreto de valor. Eu vejo, por exemplo, um homem que escala um muro: instintivamente (e talvez erroneamente) "leio" nele um ladrão. (N. O.)

2. Electra, das peças homônimas de Sófocles e de Eurípedes, é a filha de Agamêmnon e Clitemnestra, irmã de Orestes. Quando Clitemnestra e seu amante Egisto assassinam Agamêmnon, Electra passa a ser tratada como escrava, mas consegue confiar Orestes a um preceptor, que o leva para longe. Desde então, Electra espera a volta do irmão e lamenta a morte do pai — é assim que se inicia a peça de Sófocles. Electra sofre diante do túmulo do pai quando o preceptor vem dar a notícia, para ela e para Clitemnestra, de que Orestes está morto. Electra cai em sofrimento, diz estar perdida e não ser mais nada. Mais adiante, é o próprio Orestes quem aparece, primeiramente dizendo ser um forasteiro que traz em uma urna os restos diminutos do irmão de Electra, ao que ela se lamenta e chora, até o momento em que o forasteiro revela enfim ser Orestes. É essa a passagem a que Simone Weil se refere.

"Elas achavam que era o jardineiro."[3] Reconhecer seu irmão em um desconhecido, reconhecer Deus no universo.

Justiça. Estar continuamente disposto a admitir que o outro é uma outra coisa muito diferente daquilo que lemos quando ele está aqui (ou quando pensamos nele). Ou melhor: ler que ele deve ser outra coisa, talvez outra coisa completamente diferente daquilo que estamos lendo.

Cada ser grita em silêncio pedindo para ser lido de outra forma.

Nós lemos, mas também somos lidos pelos outros. Interferências dessas leituras. Forçar alguém a ler a si mesmo como os outros o leem (escravidão). Forçar os outros a nos lerem como nós mesmos nos lemos (conquista). Mecanismo. Na maior parte das vezes, um diálogo de surdos.

A caridade e a injustiça só são definidas através de leituras — e, por isso, escapam a toda definição. O milagre do bom ladrão não foi o fato de ele ter pensado em Deus,

3. A citação exata não consta no Novo Testamento, mas Simone Weil parece cruzar as parábolas de três evangelistas: Mateus 28,1-10, Lucas 24,1-10 e João 20,11-8. Na parábola, em suas diferentes versões, Maria Madalena, Joana e Maria visitam o sepulcro de Jesus, mas o encontram vazio — não sabem onde está o corpo. Depois disso, no Evangelho de João, Maria Madalena chora ao pé do túmulo e vê dois anjos "no lugar onde jazera o corpo de Jesus", que perguntam a ela por que chora. Quando Maria Madalena responde que chora "porque levaram o meu Senhor e não sei onde o puseram", surge o próprio Jesus, mas ela não sabe que é ele. "Ela, pensando que ele é o jardineiro, diz-lhe: 'Senhor, se o levaste, diz-me onde o puseste e eu levo-o'." Então Jesus se revela, dizendo simplesmente: "Maria!".

mas o de que reconheceu Deus em seu vizinho.[4] Pedro, antes do canto do galo, não reconhecia mais Deus em Cristo.[5]

Outros se deixam ser mortos por falsos profetas nos quais, por engano, eles leem Deus.

Quem pode se gabar por ler corretamente?

Podemos ser injustos ou por vontade de ofender a justiça, ou por uma má leitura da justiça. Mas quase sempre o que ocorre é o segundo caso.

Qual amor pela justiça poderá proteger de uma má leitura?

Qual é a diferença entre o justo e o injusto, se todos sempre se conduzem de acordo com a sua leitura de justiça?

Joana d'Arc: quase todos aqueles que hoje fazem discursos a seu respeito seguramente a teriam condenado. Mas seus juízes não condenaram a santa, a virgem etc., e sim a bruxa, a herege etc.[6]

4. O chamado "bom ladrão" é um dos malfeitores que foram crucificados junto de Cristo. No Evangelho de Lucas (23,39-43), os soldados troçam de Jesus dizendo que, se ele é o rei dos judeus, deve salvar-se a si mesmo; um malfeitor crucificado o insulta: "Não és tu o Cristo? Salva-te a ti e a nós". Ao que um outro malfeitor, também crucificado, o repreende: "Não temes a Deus, tu que estás no mesmo suplício? Nós [sofremos] justamente, pois recebemos o castigo que as nossas ações mereciam; mas ele nada fez de mal [...]. Jesus, lembra-te de mim quando entrares no teu reino". Jesus então responde: "Amém te digo: hoje estarás comigo no paraíso".
5. Nos quatro Evangelhos — Mateus (26,34), Marcos (14,30), Lucas (22,34) e João (13,38) —, Jesus diz a Pedro que ele o negará três vezes antes que o galo cante. Isso irá se confirmar logo adiante, mesmo que Pedro responda a Jesus que preferiria morrer a negá-lo.
6. Cf. os textos do Evangelho a respeito dos autores de "leituras" errôneas: "Pai, perdoa-lhes, pois não sabem o que fazem..." (Lc 23,34); "está a chegar a hora em que todo aquele que vos dará a morte pensará oferecer [com isso] um serviço a Deus" (Jo 16,2). (N. O.)

Causa das más leituras: a opinião pública, as paixões.

A opinião pública é uma causa muito forte. Na história de Joana d'Arc, lemos o que era ditado pela opinião pública contemporânea. Mas ela não foi muito certeira. E Cristo...

Nos problemas morais fictícios, a calúnia está ausente.

Qual pode ser a esperança da inocência se ela não for reconhecida?

Leituras. A leitura — a não ser quando há certa qualidade de atenção — obedece ao peso. O que lemos são as opiniões sugeridas pelo peso (as paixões e o conformismo social têm um papel preponderante nos julgamentos que fazemos em relação aos homens e aos acontecimentos).

Com uma qualidade mais alta de atenção, lemos o próprio peso e vários sistemas possíveis de equilíbrio.

Leituras sobrepostas: ler a necessidade por trás da sensação; ler a ordem por trás da necessidade; ler Deus por trás da ordem.

"Não julgueis."[7] O próprio Cristo não julga. Ele é o julgamento. A inocência sofredora como medida.

7. Trecho de conclusão do Sermão da Montanha, feito por Jesus Cristo e relatado no Novo Testamento, tanto em Mateus 7,1 quanto em Lucas 6,37. A versão completa de Mateus dessa passagem é a seguinte: "Não julgueis, para que não sejais julgados. Pois pela sentença com que julgardes sereis julgados; e pela medida com que medirdes sereis medidos. Por que miras o cisco no olho do teu irmão e não te dás conta da trave que está no teu? Ou como dirás ao teu irmão: 'Deixa que eu te tire o cisco do olho?'. E eis a trave no teu próprio olho. Hipócrita, tira primeiro a trave do teu olho e então verás melhor para tirares o cisco do olho do teu irmão".

Julgamento, perspectiva. Nesse sentido, todo julgamento julga aquele que o emite. Não julgar. Não é indiferença ou abstenção, mas julgamento transcendente — imitação do julgamento divino que não é possível para nós.

# 30
# O anel de Giges[1]

As outras civilizações. Acreditamos que seus defeitos são a prova da insuficiência das religiões das quais elas dependem. No entanto, na Europa, ao longo dos últimos vinte séculos de história, encontraríamos facilmente defeitos que

1. A lenda do anel de Giges está na *República* de Platão. Como conta Glauco em diálogo com Sócrates, falando sobre a semelhança entre o justo e o injusto quando recebem o poder, esta é a história do antepassado de Giges, o Lídio, um pastor a serviço do rei que governava a Lídia. Um dia, durante um terremoto, o solo se fendeu e formou um precipício; o homem desceu ao fundo do abismo e encontrou um cavalo oco de bronze. Dentro dele, viu um cadáver maior do que um homem com um anel de ouro na mão. O pastor levou consigo o anel e, com ele no dedo, foi à assembleia habitual dos pastores. Mas, quando virou o engaste do anel para dentro da mão, tornou-se invisível e ouviu seus vizinhos falando sobre ele como se não estivesse ali. Ao virar o engaste para fora, se tornou visível novamente. O pastor descobriu então que, com o anel, tinha o poder de ficar invisível sempre que quisesse. Depois disso, entrou no palácio do rei, seduziu a rainha e com ela conspirou a morte do monarca; matou-o e obteve todo o poder. A conclusão de Glauco com essa história é que, se houvesse dois anéis dessa natureza e um fosse dado ao justo, outro ao injusto, o provável é que nenhum dos dois tivesse o caráter firme o suficiente para não se apoderar dos bens dos outros — ambos tenderiam ao mesmo fim.

são, pelo menos, equivalentes. A destruição da América pelo massacre e da África pela escravidão, ou os massacres no Sul da França, tudo isso é comparável à homossexualidade na Grécia ou aos ritos orgíacos no Oriente. Mas o que dizemos é que na Europa houve problemas como esses apesar da perfeição do cristianismo; e, nas outras civilizações, por causa da imperfeição da religião.

Exemplo privilegiado, para ser contemplado por muito tempo, do mecanismo do erro. Deixar de lado. Quando apreciamos a Índia ou a Grécia, colocamos o mal em relação ao bem. Quando apreciamos o cristianismo, deixamos o mal de lado.[2]

Deixamos de lado sem saber disso, e é precisamente aí que está o perigo. Ou, pior ainda, deixamos de lado por um ato de vontade, mas por um ato de vontade furtivo em relação a nós mesmos. E, logo em seguida, já não sabemos mais que deixamos algo de lado. Não queremos saber — e, de tanto não querer saber, acabamos não podendo mais saber.

Essa faculdade de deixar de lado permite todos os crimes. Fora do domínio no qual a educação ou o adestramento fabricaram vínculos sólidos, ela constitui a chave de licença absoluta. É o que permite que os homens tenham comportamentos tão incoerentes, principalmente quando o social e os sentimentos coletivos intervêm (guerra, ódios entre nações ou classes, patriotismo de um partido, de uma igreja etc.). Tudo aquilo que está coberto do prestígio da coisa social é colocado em um lugar diferente do resto e isento de certas relações.

2. Simone Weil ilustra aqui uma verdade profunda com um exemplo mal escolhido. Quando um cristão (por exemplo, um Inquisidor) é cruel, podemos constatar que ele age assim apesar da sua religião, já que ela ordena a caridade antes de qualquer coisa. Mas, quando um nazista age da mesma forma, é lícito (pelo menos em parte) atribuir sua conduta à sua doutrina, já que ela legitima a crueldade. (N. O.)

Usamos essa chave também quando cedemos à atração do prazer.

Eu uso essa chave quando fico adiando de um dia para o outro a realização de uma obrigação. Separo a obrigação do curso do tempo.

Não há nada mais desejável do que jogar essa chave fora. Ela teria que ser jogada no fundo de um poço de onde nunca mais fosse possível pegá-la de volta.

O anel de Giges, quando se torna invisível, é precisamente o ato de deixar de lado. Deixar de lado nós mesmos e o crime que cometemos. Não estabelecer a relação entre os dois.

O ato de jogar fora a chave, de jogar fora o anel de Giges, é o esforço próprio da vontade, é a marcha dolorosa e cega para fora da caverna.

Giges. Eu me tornei rei, e o outro rei foi assassinado. Nenhuma relação entre essas duas coisas. Isso é o anel.

Um patrão de usina. Eu desfruto de tais e tais coisas caras, enquanto meus operários sofrem, miseráveis. Ele pode ter piedade de seus operários com toda a sinceridade, e não fazer a relação.

Pois nenhuma relação se estabelece se não for produzida pelo pensamento. Dois e dois serão indefinidamente dois e dois se o pensamento não os reunir para que formem quatro.

Odiamos as pessoas que tentam fazer com que nós estabeleçamos as relações que não queremos estabelecer.

A justiça consiste em estabelecer, nas coisas análogas, relações idênticas às dos termos homotéticos, mesmo quando algumas dessas coisas nos concernem pessoalmente e são objeto de apego para nós.

Essa virtude se situa no ponto de contato entre o natural e o sobrenatural. Ela pertence ao domínio da vontade e da inteligência clara — o domínio, portanto, da caverna (pois a nossa claridade são as trevas). Mas nós não podemos nos manter nela sem passar pela luz.

# 31
# O sentido do universo[1]

Somos uma parte que deve imitar o todo.

O *atman*.[2] Que a alma de um homem considere todo o universo como seu corpo. Que ela tenha com todo o universo a mesma relação que a de um colecionador com a sua coleção, ou de um dos soldados que morriam

1. A identificação da alma com o universo não tem, aqui, nenhuma relação com o panteísmo. Só podemos aceitar plenamente a necessidade cega que rege o universo se aderirmos por amor ao Deus que transcende o universo. Cf. mais acima: "Este mundo, na medida em que está totalmente vazio de Deus, é o próprio Deus". (N. O.)

2. Palavra sânscrita, *atman* é um conceito da literatura budista para o Eu, alma, self, Deus interior. No prefácio de Frederick Manchester à edição inglesa dos Upanixades, lemos o seguinte: "O Atman, do sânscrito, que significa o Deus interior, foi traduzido sempre por Eu (self em inglês), embora o equivalente verbal desse termo não apareça em nenhum lugar na filosofia hindu". No *Upanixade Katha*, há, por exemplo, a seguinte descrição do Atman: "Menor do que o menor, maior do que o maior, esse Eu habita para sempre dentro dos corações de todos. Quando um homem está livre de desejos, com sua mente e seus sentidos purificados, ele contempla a glória do Eu e está sem sofrimento". *Os Upanishads — Sopro vital do eterno*. De acordo com a versão inglesa de Swami Prabhavananda e Frederick Manchester. São Paulo: Pensamento, 2000.

gritando "Viva o Imperador!" com Napoleão. A alma se transporta, fora do próprio corpo, para outra coisa. Que ela se transporte, então, para todo o universo.

Identificar-se com o próprio universo. Tudo o que é menor que o universo está submetido ao sofrimento.

Mesmo que eu morra, o universo continua. Isso não me consola se eu for algo diferente do universo. Mas, se o universo for como um outro corpo para a minha alma, minha morte deixa de ter mais importância para mim do que a morte de um desconhecido. Com meus sofrimentos, é a mesma coisa.

Que o universo inteiro seja para mim, em relação ao meu corpo, aquilo que a bengala é para um cego em relação à sua mão. Sua sensibilidade não está realmente na mão, mas na ponta da bengala. Isso exige um aprendizado.

Restringir o amor ao sujeito puro é a mesma coisa que estendê-lo a todo o universo.

Mudar a relação entre si e o mundo — assim como, através do aprendizado, o operário muda a relação entre si e a ferramenta. Ferida: é o ofício que entra no corpo. Que todo sofrimento faça com que o universo entre no corpo.

Hábito, habilidade: transferência da consciência para um outro objeto diferente do corpo próprio.

Que esse objeto seja o universo, as estações, o sol, as estrelas.

A relação entre o corpo e a ferramenta muda com o aprendizado. Temos que mudar a relação entre o corpo e o mundo.

Nós não nos desapegamos, mas mudamos de apego. Apegar-se a tudo.

Sentir o universo através de cada sensação. O que importa, então, se for prazer ou dor? Quando um ser amado, que reencontramos depois de muito tempo, aperta a nossa mão, o que importa se ele apertar forte demais e doer?

Há um grau de dor que nos faz perder o mundo. Mas depois vem o apaziguamento. E, quando o paroxismo retorna, logo depois o apaziguamento retorna também. Quando sabemos disso, até mesmo esse grau se torna a espera pelo apaziguamento — e, por causa disso, deixa de ser um corte do contato com o mundo.

Duas tendências extremas: destruir o eu em proveito do universo ou destruir o universo em proveito do eu.

Aquele que não sabe se tornar nada corre o risco de chegar em um ponto no qual todas as coisas diferentes dele deixarão de existir.

Necessidade exterior ou carência interior — tão imperiosos como respirar. "Sejamos o sopro central."[3] Respiramos mesmo quando uma dor no peito torna a respiração sofrível; não temos outra opção.

Associar o ritmo da vida do corpo ao ritmo do mundo; sentir constantemente essa associação e sentir também a perpétua troca de matéria através da qual o ser humano se banha no mundo.

Coisas que ninguém pode tirar de um ser humano enquanto ele está vivo: a respiração como movimento regido pela vontade; o espaço como percepção (mesmo numa masmorra, mesmo se estivermos com os olhos e os tímpanos tapados, enquanto estamos vivos nós percebemos o espaço).

Apegar a isso os pensamentos dos quais não queremos ser privados sob nenhuma circunstância.

3. Sopro central, ou vital. Nos Upanixades, parte x, *Brihadaranyaka*, está escrito: "Como fumaça e fagulhas se erguem de um fogo acendido com lenha umedecida, Maitreyi aspirou do Eterno todo o conhecimento e toda a sabedoria — o que conhecemos como o *Rig Veda*, o *Yajur Veda*, e o resto. Eles são o Sopro Vital do Eterno". Ibid. Tradução adaptada.

* * *

Amar ao próximo como a si mesmo não significa amar igualmente todos os seres, pois eu não amo igualmente todos os modos de existência de mim mesma. Tampouco significa nunca fazê-los sofrer, pois eu não me recuso a fazer eu mesma sofrer. Mas, sim, ter com cada um a relação que uma maneira de pensar o universo tem com outra maneira de pensar o universo, e não com uma parte do universo.

Não aceitar um acontecimento do mundo é o mesmo que desejar que o mundo não exista. Ora, isso está em meu poder para mim: se desejo isso, obtenho isso. Eu me torno, então, um abcesso do mundo.

Votos no folclore: o que faz os desejos serem perigosos é que eles são atendidos.

Desejar que o mundo não exista é o mesmo que desejar que eu, assim como sou, seja tudo.

Que o universo inteiro, dessa pedrinha que está aos meus pés às mais longínquas estrelas, exista para mim a todo instante — tanto quanto Agnes para Arnolfo ou o cofre para Harpagão.[4]

Se eu quiser, o mundo pode me pertencer como o tesouro pertence ao avarento.

Mas é um tesouro que não aumenta.

4. Personagens de duas peças de Molière: *Escola de mulheres* e *O avarento*. Em *Escola de mulheres*, Arnolfo é o tutor de Agnes, que foi criada reclusa em um convento, na ignorância do mundo ao seu redor. Arnolfo, cujo maior medo são as mulheres infiéis, decide se casar com a pupila. Em *O avarento*, Harpagão é o caricato avarento, que sofre do temor obsessivo de que alguém encontre e roube seu cofre escondido no jardim.

Tornar universal esse "eu" irredutível, que é o fundo irredutível do meu sofrimento.

O que importa que nunca haja alegria dentro de mim, se perpetuamente há alegria perfeita em Deus! O mesmo para a beleza, a inteligência e todas as coisas.

Desejar a própria salvação não é bom — e não porque é egoísta (não está ao alcance do homem ser egoísta), mas porque é orientar a alma para uma simples possibilidade particular e contingente, em vez da plenitude do ser, em vez do bem que existe incondicionalmente.

Tudo aquilo que desejo existe, existiu ou existirá em algum lugar. Pois eu não posso inventar completamente. Como, então, não estar preenchido?

Br. Eu não podia deixar de imaginá-lo vivo, imaginar sua casa como um lugar possível, para mim, das suas conversas agradáveis. A consciência do fato de sua morte criava um deserto terrível. Frio de metal. O que me importava que havia outras pessoas para amar? O amor que eu dirigia para ele, acompanhado de esboços interiores, de trocas que só podiam acontecer com ele, não tinha mais objeto. Agora eu não o imagino mais vivo, e sua morte não me é mais intolerável. Sua lembrança é doce para mim. Mas há outros, que então eu não conhecia, e cuja morte me causaria o mesmo efeito.

D... não está morto, mas a amizade que eu tinha por ele está morta, acompanhada de uma dor semelhante. Ele não é mais que uma sombra.

Mas eu não posso imaginar a mesma transformação com X..., Y..., Z..., que há pouco tempo nem existiam para mim.

Assim como os pais não podem conceber que um filho não tenha sido nada três anos antes, nós não podemos conceber que nem sempre conhecemos os seres que amamos.

Acho que amo mal: caso contrário, as coisas não seriam assim para mim. Meu amor não estaria ligado apenas a alguns seres. Ele estaria disponível para tudo que merece ser amado.

"Sereis perfeitos, tal como perfeito é o vosso pai celeste ..."[5] Amem da mesma forma que o sol ilumina. Temos que trazer o nosso amor para dentro de nós, para espalhá-lo sobre todas as coisas. Só Deus ama todas as coisas, e ele ama apenas a si mesmo.

Amar em Deus é bem mais difícil do que podemos imaginar.

Eu posso macular todo o universo com a minha miséria e não senti-la nem recolhê-la em mim.

Suportar o desacordo entre a imaginação e o fato.

"Eu sofro." Isso é melhor do que "essa paisagem é feia".

Não querer mudar o próprio peso[6] na balança do mundo — a balança de ouro de Zeus.[7]

5. Fala de Cristo no Sermão da Montanha. No Evangelho de Mateus (5,44-8), lê-se: "Mas eu vos digo: amai os vossos inimigos e orai por aqueles que vos perseguem, para vos tornardes filhos do Pai vosso, do que está nos céus, porque ele faz nascer o sol para maus e bons e chover em cima dos justos e dos injustos. Se amais aqueles que vos amam, que compensação tendes [nisso]? Os cobradores de impostos não fazem o mesmo? E se cumprimentais apenas os vossos irmãos, que fazeis de excepcional? Os pagãos não fazem o mesmo? Pois vós sereis realizados, tal como realizado é o vosso pai celeste".
6. "Poids" em francês.
7. Em seu ensaio sobre o poema de Homero, "*Ilíada* ou poema da força" (1940), Simone Weil já se refere à balança de ouro de Zeus. No ensaio, Weil diz que a balança representa o "destino cego". A balança de ouro, na mitologia e nos versos de Homero,

A vaca inteira é leiteira, mesmo que só tiremos o leite das tetas. O mundo todo, da mesma forma, é produtor de santidade.

---

era o instrumento de Zeus para pesar a vida dos homens, traçando o destino dos dois seres que se enfrentavam: aquele que estivesse no prato que pesasse mais teria sua morte determinada. Podemos ler algumas menções a essa balança na *Ilíada*, como a citada por Simone Weil em seu ensaio — canto VIII, versos 69-73: "Mas quando o Sol chegou ao meio do firmamento,/ foi então que o Pai ergueu a balança de ouro,/ e nela colocou os dois fados da morte irreversível para/ Troianos domadores de cavalos e Aqueus de brônzeas túnicas,/ segurando a balança pelo meio [...]". Ou, então, no canto XXII, versos 208-211: "Mas quando pela quarta vez chegaram às nascentes,/ foi então que o Pai levantou a balança de ouro,/ e nela colocou os dois destinos da morte irreversível:/ o de Aquiles e o de Heitor domador de cavalos". Homero, *Ilíada*. São Paulo: Penguin-Companhia das Letras, 2005.

# 32
# *Metaxu*[1]

Todas as coisas criadas se recusam a ser fins para mim. Essa é a extrema misericórdia que Deus tem comigo. E é exatamente isso que é o mal. O mal é a forma que a misericórdia de Deus adquire neste mundo.

Este mundo é a porta fechada. É uma barreira. E, ao mesmo tempo, é a passagem.

Dois prisioneiros, em calabouços vizinhos, que se comunicam através de batidas contra a parede. A parede é aquilo que separa um do outro, mas também o que permite que eles se comuniquem entre si. É o mesmo conosco em relação a Deus. Toda separação é um laço.

1. No *Banquete* de Platão, Sócrates dialoga, entre outros, com a sacerdotisa Diotima de Mantineia. É Diotima quem irá expor a teoria platônica do amor, a partir do ser intermediário Eros, filho do deus Poros e da mortal Pênia. Por estar entre dois opostos, os seres humanos e as divindades, Eros é um *metaxu* (intermediário). É a partir dessa ideia que ela discorre sobre o amor. No *Banquete*, 202b, lemos: "tendo admitido que [o Amor] não é nem belo e nem bom, não há motivo algum para pensar que é feio ou mau. Ele é algo intermediário entre estes dois". Platão, *O banquete*. Tradução de Anderson de Paula Borges. Petrópolis: Vozes, 2017.

* * *

Quando colocamos todo o nosso desejo de bem em uma coisa determinada, fazemos dessa coisa uma condição da nossa existência. Mas ela não se transforma em um bem por causa disso. Nós sempre queremos outra coisa além de existir.

A essência das coisas criadas é serem intermediárias. Elas são intermediárias umas em relação às outras, e isso não tem fim. Elas são intermediárias em relação a Deus. É assim que deve ser a sua experiência.

As pontes dos gregos. Nós as herdamos. Mas não sabemos mais como usá-las. Achamos que elas eram feitas para que construíssemos casas sobre elas. Então levantamos arranha-céus, aos quais não paramos de acrescentar andares. Já não sabemos que se trata de pontes, coisas feitas para passar, e que por elas se chega até Deus.

Só quem ama Deus com um amor sobrenatural pode ver os meios como apenas meios.

O poder (e o dinheiro, chave-mestra do poder) é o meio puro. Por isso mesmo, é o fim supremo para todos aqueles que não entenderam.

Este mundo, domínio da necessidade, não nos oferece absolutamente nada além de meios. Nosso querer é jogado de um meio para o outro sem parar, como uma bola de bilhar.

Todos os desejos são tão contraditórios quanto o desejo de comida. Eu queria que aquele que eu amo me amasse. Mas, se ele se entregar totalmente a mim, deixa de existir, e eu deixo de amá-lo. Enquanto ele não se entregar totalmente, não me ama o suficiente. Fome e saciedade.

O desejo é mau e mentiroso; mas, sem o desejo, não iríamos buscar o absoluto verdadeiro, o ilimitado verdadeiro. É necessário ter passado por ele. Infelizes são os seres de quem o cansaço priva da energia suplementar que é a fonte do desejo.

Infelizes também são aqueles cegados pelo desejo.

Temos que enganchar nosso próprio desejo no eixo dos polos.

É sacrilégio destruir alguma coisa? Não o que é baixo, pois isso não tem importância nenhuma. Não o que é alto, pois, por mais que tentemos, não conseguimos alcançá-lo. Mas, sim, os *metaxu*. Os *metaxu* são a região do bem e do mal.

Não privar nenhum ser humano dos seus *metaxu* — ou seja, desses bens relativos e misturados (lar, pátria, tradições, cultura etc.) que aquecem e que alimentam a alma e sem os quais, exceto na santidade, uma vida *humana* não é possível.

Os verdadeiros bens terrestres são *metaxu*. Só podemos respeitar os bens de outras pessoas na medida em que percebermos que os próprios bens que possuímos são simplesmente *metaxu* — isso implica que já estamos no caminho para o ponto no qual será possível dispensá-los. Para respeitar, por exemplo, as pátrias estrangeiras, precisamos fazer da nossa própria pátria não um ídolo, mas um degrau para Deus.

Todas as faculdades atuam livremente, e sem se misturar, a partir de um princípio único. É o microcosmo, a imitação do mundo. O Cristo segundo São Tomás.[2] O Justo

2. Na Terceira Parte da *Suma teológica*, muitas das questões desenvolvidas por São Tomás de Aquino são a respeito da concepção de Cristo. O que Simone Weil chama de "microcosmo ou imitação do mundo", em que todas as faculdades atuam a partir de um princípio único, pode ser lido de maneiras diferentes em

da República.[3] Quando Platão fala da especialização, ele está falando da especialização das faculdades no homem, e não da especialização dos homens; assim também em relação à hierarquia.[4] O temporal, que só tem sentido pelo e para o espiritual, não se mistura com o espiritual.

---

inúmeras questões da *Suma teológica*. Por exemplo, na Questão 4 da Tertia Pars — "Da união relativamente ao assumido" —, o Art. 1 discute "Se a natureza humana era, mais que qualquer outra natureza, apta a ser assumida pelo Filho de Deus". Nesse artigo, há passagens como: "A semelhança de imagem, na natureza humana, depende da medida em que é capaz de Deus, isto é, de atingi-lo pela sua operação própria, do conhecimento e do amor"; ou: "A perfeição do universo não é a perfeição de uma pessoa ou suposto, mas a de um ser uno por posição ou pela ordem. Do qual as múltiplas partes não são aptas a ser assumidas, como se disse. Donde se conclui que só a natureza humana é apta a ser assumida". São Tomás de Aquino, *Suma teológica*. Tradução de Alexandre Correia. Porto Alegre: Livraria Sulina, 1980.

3. Em relação ao justo, no livro II da *República* de Platão, Glauco diz a Sócrates: "É preciso despojá-lo de tudo, exceto da justiça, e imaginá-lo numa condição de vida oposta à do primeiro [o injusto]. Que, sem ter cometido a menor falta, passe por ser o maior criminoso, para que sua virtude seja posta à prova e saia-se airosamente do transe, sem se deixar abater pela infâmia e suas consequências; e que siga imperturbável até a hora da morte, sendo justo e passando por injusto". Glauco opõe o homem que parece justo e o homem que realmente é justo, sem se preocupar em parecê-lo. Segundo ele, "o injusto que aparenta justiça granjeará toda sorte de prosperidade". Platão, *A República*. Tradução de Leonel Vallandro. Rio de Janeiro: Nova Fronteira, 2014.

4. Em relação às faculdades do homem, Sócrates, em diálogo com Glauco em *A República*, cria uma distinção entre elas, definindo-as como "poderes que existem em nós e em todas as outras coisas, e pelos quais fazemos o que fazemos". A partir daí, saber e opinião são classificados como faculdades distintas, que não podem coincidir. Tradução de Leonel Vallandro.

Somos conduzidos ao espiritual por nostalgia, por transbordamento. É o temporal como ponte, como *metaxu*. É a vocação grega e provençal.

Civilização dos gregos. Nenhuma adoração da força. O temporal não era mais que uma ponte. Não se buscava a intensidade nos estados de alma, mas a pureza.

# 33
# Beleza

A beleza é a harmonia entre o acaso e o bem.

O belo é o necessário que, sem deixar de se manter em conformidade com a sua lei própria, e apenas a ela, obedece ao bem.

Objeto da ciência: o belo (ou seja, a ordem, a proporção, a harmonia) enquanto algo suprassensível e necessário.

Objeto da arte: o belo sensível e contingente, percebido através da rede do acaso e do mal.

O belo na natureza: união da impressão sensível e do sentimento da necessidade. Isso deve ser assim (em primeiro lugar) e, precisamente, é assim.

A beleza seduz a carne para obter a permissão de chegar até a alma.

Entre outras unidades dos contrários, o belo encerra a do instantâneo e do eterno.

O belo é aquilo que pode ser contemplado. Uma estátua ou um quadro que podemos olhar durante horas.

O belo é algo em que podemos prestar atenção.

Música gregoriana. Quando a mesma coisa é cantada

por horas, a cada dia e todos os dias, tudo aquilo que está ligeiramente aquém da suprema excelência se torna insuportável e é eliminado.

Os gregos olhavam para seus templos. Nós podemos suportar as estátuas do Luxemburgo porque não olhamos para elas.[1]

Um quadro como o que poderia ser posto na cela de um condenado a isolamento perpétuo, sem que isso fosse uma atrocidade — pelo contrário.

O teatro imóvel é o único realmente belo. As tragédias de Shakespeare são de segunda ordem, com exceção de *Lear*. As de Racine são de terceira ordem, com exceção de *Fedra*. As de Corneille são de enésima ordem.

Uma obra de arte tem um autor — no entanto, quando ela é perfeita, tem algo de essencialmente anônimo. Ela imita o anonimato da arte divina. Assim, também, a beleza do mundo é a prova de um Deus ao mesmo tempo pessoal e impessoal — e nem um, nem outro.

O belo é uma atração carnal que se mantém distante e que implica uma renúncia. Inclusive a renúncia mais íntima, a da imaginação. Nós queremos comer todos os outros objetos de desejo. O belo é aquele que desejamos sem querer comer. Desejamos que ele só seja.

1. O Jardim de Luxemburgo, em Paris, foi fundado em 1612 para acompanhar o palácio de Luxemburgo. O jardim abriga 106 estátuas, a maioria do século XIX, entre as quais *L'Acteur grec* [O ator grego], de Charles-Arthur Bourgeois, *Le Faune dansant* [O fauno dançante], de Eugène-Louis Lequesne, e *Harde de Cerfs écoutant le rapproché* [Grupo de cervos escutam o que se aproxima], de Arthur Le Duc. Os pais de Simone Weil, durante anos, viveram na rue Auguste Comte, vizinha ao Jardim de Luxemburgo: era possível avistar o parque das janelas do seu apartamento.

* * *

Permanecer imóvel e unir-se ao que se deseja sem se aproximar disso.

É assim que nos unimos a Deus: sem nos aproximarmos dele.

A distância é a alma do belo.

O olhar e a espera são a atitude que corresponde ao belo. Por mais que possamos conceber, querer, desejar, o belo não aparece. É por isso que, em toda beleza, há contradição, amargura, ausência irredutíveis.

Poesia: dor e alegria *impossíveis*. Toque pungente, nostalgia. Assim é a poesia provençal e inglesa. Uma alegria que, por ser pura e sem misturas, faz mal. Uma dor que, por ser pura e sem misturas, apazigua.

Beleza: um fruto para o qual olhamos sem estender a mão.

Da mesma forma, uma infelicidade para a qual olhamos sem recuar.

Duplo movimento descendente: refazer, por amor, aquilo que o peso faz. Não seria esse duplo movimento descendente a chave de toda arte?[2]

O movimento descendente, espelho da graça, é a essência de toda música. O resto serve apenas para encaixotá-la.

A subida das notas é uma subida puramente sensível. Já a descida é, ao mesmo tempo, descida sensível e subi-

2. *Descendit ad inferos*... Da mesma forma, em uma outra ordem, a grande arte redime o peso ao esposá-lo por amor. *Descendit ad inferos* pode ser traduzido como "desce às regiões inferiores", expressão presente no Credo de Atanásio. (N. O.)

da espiritual. Esse é o paraíso que todo ser deseja: que o declive da natureza faça subir em direção ao bem.

Em tudo aquilo que suscita em nós o sentimento puro e autêntico do belo, realmente há presença de Deus. Há uma espécie de encarnação de Deus no mundo, cuja marca é a beleza.

O belo é a prova experimental de que a encarnação é possível.

Sendo assim, toda arte de primeira ordem é, por essência, religiosa. (Hoje em dia, ninguém mais sabe disso.) Uma melodia gregoriana é um testemunho, tanto quanto a morte de um mártir.

Se o belo é presença real de Deus na matéria, se o contato com o belo é, no sentido pleno da palavra, um sacramento, como pode haver tantos estetas perversos? Nero.[3] Seria o seu caso parecido com o da fome dos frequentadores das missas negras[4] pelas hóstias consagradas? Ou talvez, mais provavelmente, a inclinação dessas pessoas não seria ao belo autêntico, mas a uma má imitação? Pois, assim como há uma arte divina, há uma arte demoníaca. Sem dúvida, é essa que Nero amava. Grande parte de nossa arte é demoníaca.

3. Nero foi imperador de Roma de 54 a 68 d.C. Apesar de ter promovido celebrações esportivas e artísticas, conhecidas como *Neronia*, e de ter sido poeta, cantor e músico, Nero foi conhecido como um déspota tirano e cruel, principalmente porque assassinou a própria mãe e o meio-irmão. Muitos diziam que, enquanto Roma ardia em chamas, ele compunha em sua lira sem nada fazer a respeito.
4. As missas negras eram rituais satânicos, comuns a partir da Idade Média, que se contrapunham às missas católicas romanas.

Um apaixonado pela música pode muito bem ser um homem perverso — mas eu dificilmente pensaria isso de alguém sedento pelo canto gregoriano.

Com certeza nós cometemos crimes que nos tornaram malditos, já que perdemos toda a poesia do universo.

A arte não tem um futuro imediato, porque toda arte é coletiva, e não há mais vida coletiva (não há mais do que coletividades mortas), e também por causa dessa ruptura do pacto verdadeiro entre o corpo e a alma. A arte grega coincidiu com o início da geometria e com o atletismo; a arte da Idade Média, com o artesanato; a arte do Renascimento, com o início da mecânica etc. A partir de 1914, há um corte completo. Até a comédia é quase impossível: só há lugar para a sátira (quando foi mais fácil compreender Juvenal?).[5] A arte só poderá renascer do seio da grande anarquia — épica, sem dúvida, porque a infelicidade terá simplificado muito as coisas... De maneira que é inútil para você invejar Da Vinci ou Bach. A grandeza, nos dias de hoje, deve tomar outros rumos. Ela só pode, além disso, ser solitária, obscura e sem eco... (ora, sem eco não há arte).

5. Décimo Júnio Juvenal foi um poeta e retor romano do final do século I e início do II d.C., autor das *Sátiras*.

# 34
# Álgebra

Dinheiro, mecanização, álgebra. Os três monstros da civilização atual. Analogia completa.

A álgebra e o dinheiro são essencialmente niveladores — a primeira, intelectualmente; o segundo, efetivamente.

Há cerca de cinquenta anos, a vida dos camponeses provençais deixou de se parecer com a dos camponeses gregos descritos por Hesíodo. Mais ou menos na mesma época, produziu-se a destruição da ciência tal como foi concebida pelos gregos. O dinheiro e a álgebra triunfaram simultaneamente.

A relação do signo com o significado morre; o jogo de trocas entre signos é multiplicado por si mesmo e para si mesmo. E a crescente complicação exige signos de signos...

Entre as características do mundo moderno, não esquecer a impossibilidade de pensar concretamente a relação entre o esforço e o resultado do esforço. Há um excesso de intermediários. Como nos outros casos, essa relação não está em nenhum pensamento, mas em uma coisa: o dinheiro.

Como o pensamento coletivo não pode existir enquanto pensamento, ele passa para as coisas (signos, máquinas...). Daí o paradoxo: é a coisa que pensa, e o homem que é reduzido ao estado de coisa.

O pensamento coletivo não existe. Em contrapartida, nossa ciência é coletiva, assim como nossa técnica. Especialização. Herdamos não apenas resultados, mas também métodos que não compreendemos. Além disso, os dois são inseparáveis, pois os resultados da álgebra fornecem métodos para as outras ciências.

O que quer dizer fazer o inventário ou a crítica da nossa civilização? Buscar trazer à luz, de uma maneira precisa, a armadilha que fez do homem o escravo de suas próprias criações. Como a inconsciência se infiltrou na ação e no pensamento metódicos? A fuga para a vida selvagem é uma solução preguiçosa. Precisamos reencontrar o pacto original entre o espírito e o mundo na própria civilização em que vivemos. Na verdade, é uma tarefa impossível de ser realizada, por causa da brevidade da vida e da impossibilidade da colaboração e da sucessão. Mas essa não é uma razão para não a empreender. Todos nós estamos em uma situação análoga à de Sócrates, quando ele esperava pela morte na prisão e aprendia a tocar lira... Pelo menos, teremos vivido...

Para o espírito que sucumbe sob o peso[1] da quantidade, não resta outro critério além da eficácia.

A vida moderna está entregue à desmedida. A desmedida invade tudo: ação e pensamento, vida pública e privada. Daí vem a decadência da arte. Não há mais equilíbrio em parte alguma. O movimento católico reage parcialmente contra isso: as cerimônias católicas, pelo menos, se mantiveram intactas. Mas elas já não têm nenhuma relação com o resto da existência.

O capitalismo realizou a emancipação da coletividade humana em relação à natureza. Mas essa coletividade tomou a sucessão da função opressiva em relação ao indivíduo, exercida anteriormente pela natureza.

Até materialmente isso é verdadeiro. O fogo, a água

1. "Poids" em francês.

etc. A coletividade se apropriou de todas essas forças da natureza.

Questão: é possível transferir para o indivíduo essa emancipação conquistada pela sociedade?

# 35
# A letra social...[1]

O homem será um escravo enquanto, entre a ação e seu efeito, entre o esforço e a obra, houver a intervenção de vontades estrangeiras.

Isso ocorre hoje *tanto* com o escravo *quanto* com o mestre. O homem nunca encara as condições de sua própria atividade. A sociedade se interpõe entre a natureza e o homem.

Encarar a natureza, e não os homens, é a única disciplina. Depender de uma vontade estrangeira é ser escravo. Mas esse é o destino de todos os homens. O escravo depende do mestre, e o mestre, do escravo. Situação que ou o tornará suplicante, ou tirânico, ou as duas coisas ao mesmo tempo (*omnia serviliter pro dominatione*).[2]

1. O título deste capítulo é referência ao poema "La maison du berger" [A casa do pastor], de Alfred de Vigny (1797-1863). Na segunda estrofe desse longo poema, lê-se: "Se tua alma acorrentada, assim como está a minha,/ Cansada de seu fardo e de seu pão amargo,/ Deixa cair o remo na sua galera em luto,/ Inclina a cabeça pálida e chora sobre o mar,/ E, buscando nas ondas uma rota desconhecida,/ Vê, estremecendo, em seu ombro nu/ A letra social escrita com ferro".
2. "Tudo servilmente pelo domínio." São as palavras do his-

Diante da natureza inerte, ao contrário, nosso único recurso é pensar.

A noção de opressão é, em suma, uma estupidez: basta ler a *Ilíada*. E mais estúpida ainda é a noção de classe opressora. Só se pode falar de uma estrutura opressora da sociedade.

Diferença entre o escravo e o cidadão (Montesquieu, Rousseau...): o escravo é submetido a seu mestre, e o cidadão, às leis. O mestre pode, inclusive, ser muito gentil, e as leis, muito duras: isso não muda nada. Tudo está na distância entre o capricho e a regra.

Por que a subordinação ao capricho seria escravidão? A causa última disso reside na relação entre a alma e o *tempo*. Quem se submete ao arbitrário está suspenso no fio do tempo; ele *espera* (a situação mais humilhante...) o que o instante seguinte vai trazer. Ele não dispõe dos seus instantes; o presente já não é, para ele, uma alavanca que pesa sobre o futuro.

Olhar diretamente as coisas libera o espírito. Olhar diretamente os homens, se dependemos deles, avilta — e isso ocorre tanto se essa dependência tiver a forma de submissão quanto se ela tiver a forma de comando.

Por que esses homens entre a natureza e eu?

Nunca contar com um pensamento desconhecido... (pois nesse caso estaremos entregues ao acaso).

Remédio: para além dos vínculos fraternais, tratar os homens como um espetáculo e *nunca* buscar a amizade. Viver em meio aos homens como naquele vagão de Saint-

---

toriador romano Tácito (*c.* 58-*c.* 120 d.C.) sobre o imperador Marco Sálvio Otão (32-69 d.C.), presentes em seu livro *Histórias*.

-Étienne a Le Puy...[3] Nunca se permitir, sobretudo, sonhar com a amizade. Tudo se paga. Só confie em si mesmo.

Os poderosos, a partir de certo grau de opressão, acabam necessariamente fazendo com que seus escravos os *adorem*. Pois a ideia de ser coagido em absoluto, de ser brinquedo de um outro ser, é insustentável para um ser humano. Então, quando alguém é privado de todos os meios de escapar da coerção, não resta mais nenhum recurso além de se persuadir de que está realizando voluntariamente as coisas às quais ele é coagido; em outras palavras, substituir a *devoção* pela *obediência*. E ele vai chegar a se esforçar, às vezes, para fazer até mais do que lhe é imposto; e sofrerá menos por isso, pelo mesmo fenômeno que faz com que as crianças aguentem rindo, quando estão brincando, dores físicas que seriam insuportáveis para elas se fossem infligidas como punição. É por causa desse desvio que a servidão avilta a alma: porque essa devoção, na verdade, repousa sobre uma mentira, já que suas razões não resistiriam a um exame. (Nesse sentido, o princípio católico da obediência deve ser considerado libertador, enquanto o protestantismo repousa sobre a ideia de sacrifício e de devoção.) A única salvação possível consiste em substituir a ideia insuportável da coerção não mais pela ilusão da devoção, mas pela noção da necessidade.

Pelo contrário, a revolta, se não se traduzir imediatamente em atos precisos e eficazes, acaba sempre se transformando no seu contrário, por causa da humilhação produzida

3. Entre 1931 e 1932, Simone Weil foi professora de filosofia em Le Puy, pequena cidade do Sul da França. Em muitas ocasiões, Simone viajava de trem até a cidade de Saint-Étienne, a cerca de sessenta quilômetros de distância, para participar de compromissos sindicais e visitar amigos sindicalistas como Thévenon, Albertine e Urbain.

pelo sentimento de impotência radical que dela resulta. Em outras palavras, o principal apoio do opressor reside precisamente na revolta impotente do oprimido.

Poderíamos escrever, desse ponto de vista, a novela de um recrutado de Napoleão.

E a mentira da devoção engana também o mestre...

Sempre considerar que os homens que estão no poder são *coisas* perigosas. Devemos nos preservar deles na medida do possível, sem desprezar a nós mesmos. E, se um dia nos virmos coagidos, sob pena de covardia, a colidir contra seu poder, é melhor que nos consideremos vencidos pela natureza das coisas, e não pelos homens. É possível estar acorrentado no calabouço, mas é também possível ter sido atingido pela cegueira ou pela paralisia. Não há diferença alguma.

A única maneira de conservar a dignidade na submissão forçada: considerar que o chefe é uma coisa. Todo homem é escravo da necessidade, mas o escravo consciente é muito superior.

Problema social. Limitar ao mínimo possível o papel do sobrenatural indispensável para tornar respirável a vida social. Tudo aquilo que tende a aumentá-lo é mau (é tentar Deus).

Precisamos eliminar a infelicidade da vida social tanto quanto possível, pois a infelicidade só serve à graça, e a sociedade não é uma sociedade de eleitos. Sempre haverá infelicidade o bastante para os eleitos.

# 36
# O grande animal[1]

O grande animal é o único objeto de idolatria, o único ersatz de Deus, a única imitação de um objeto que está infinitamente afastado de mim e que é eu.

Seria muito agradável se pudéssemos ser egoístas. Seria um descanso. Mas literalmente não podemos.

É impossível para mim me considerar como um fim — e, por consequência, também não posso considerar o meu semelhante como um fim, já que ele é meu semelhante. Tampouco posso fazer isso com um objeto material, porque a matéria é ainda menos capaz que os seres humanos de receber a finalidade.

Só há uma coisa aqui embaixo que pode ser considerada como um fim, pois ela possui uma espécie de transcendência em relação à pessoa humana: o coletivo. O coletivo é o objeto de toda idolatria; é ele que nos prende à terra. A avareza: o ouro é social. A ambição: o poder é social. A ciência e a arte também. E o amor? O amor é, mais ou menos, uma exceção disso; é por isso que podemos chegar

1. Sobre a origem desse mito, cf. Platão, *A República*, livro VI. Adorar o "grande animal" é pensar e agir de acordo com os preconceitos e as reflexões da multidão, em detrimento de toda busca pessoal da verdade e do bem. (N. O.)

até Deus por amor, e não por avareza ou por ambição. O social, no entanto, não está ausente no amor (paixões suscitadas pelos príncipes, pelas pessoas famosas, por todos aqueles que têm prestígio...).

Existem dois bens que têm a mesma denominação, mas que são radicalmente diferentes — aquele que é o contrário do mal e aquele que é o absoluto. O absoluto não tem contrário. O relativo não é o contrário do absoluto, mas deriva dele, por uma relação não comutativa. O que nós queremos é o bem absoluto. O que podemos atingir é o bem correlativo ao mal. Nós nos entregamos a ele por engano, como o Príncipe que se prepara para amar a serva no lugar da senhora. São as roupas que provocam o engano. O social veste o relativo com a cor do absoluto. O remédio está na ideia de relação. A relação sai violentamente do social. Ela é o monopólio do indivíduo. A sociedade é a caverna; a saída é a solidão.

A relação pertence ao espírito solitário. Nenhuma multidão concebe a relação. Isso é bom ou mau com respeito a... na medida em que... Isso está fora do alcance da multidão. Uma multidão não faz uma adição.

Aquele que está acima da vida social volta a ela quando quiser, mas esse não é o caso para aquele que está abaixo dela. É assim que ocorre com qualquer coisa. Relação não comutativa entre o melhor e o menos bom.

O vegetativo e o social são os dois domínios nos quais o bem não entra.

Cristo redimiu o vegetativo, mas não o social. Ele não rezou pelo mundo.

O social representa, irredutivelmente, os domínios do príncipe deste mundo. Em relação ao social, o nosso único dever é tentar limitar o mal (Richelieu: a salvação dos Estados não está fora deste mundo).[2]

Uma sociedade com pretensões divinas, como a Igreja, talvez seja mais perigosa pelo ersatz de bem que ela contém do que pelo mal que a macula.

Um rótulo divino envolve o social: mistura inebriante que encerra todas as licenças. Diabo disfarçado.

A consciência é abusada pelo social. A energia suplementar (imaginativa) fica, em grande parte, suspensa pelo social. Precisamos desapegá-la disso. É o desapego mais difícil.

Nesse sentido, a meditação sobre o mecanismo social é uma purificação da maior importância.

Contemplar o social é uma via tão boa quanto se retirar do mundo. É por isso que eu não estive errada ao me manter próxima da política por tanto tempo.

É só com a entrada no transcendente, no sobrenatural, no espiritual autêntico que o homem pode se tornar superior ao social. Antes disso, faça o que fizer, o social será transcendente em relação ao homem.

2. Em *Quelques réflexions sur les origines de l'hitlerisme* [Algumas reflexões sobre as origens do hitlerismo] (1940), Simone Weil aponta a figura de Richelieu, cardeal e primeiro-ministro de Luís XIII no século XVII, como o primeiro precursor de Hitler e o inventor do Estado. Cito um trecho do ensaio: "O Estado ao qual Richelieu deu corpo e alma, a ponto de não ter mais consciência de nenhuma ambição pessoal, não era a coroa, tampouco o bem público; era a máquina anônima, cega, produtora de ordem e de poder, que conhecemos hoje por esse nome e que alguns países adoram".

Em um plano não sobrenatural, a sociedade é o que nos mantém separados do mal (de certas formas do mal) por uma espécie de barreira; uma sociedade de criminosos ou de viciados, mesmo que seja composta de alguns homens, suprimiria essa barreira.

Mas o que nos impele a entrar em uma sociedade como essa? Ou a necessidade, ou a leviandade, ou, com mais frequência, uma mistura dos dois; não achamos que estamos nos comprometendo, pois ignoramos que, fora do sobrenatural, *só* a sociedade pode nos impedir de passar naturalmente para as formas mais atrozes de vícios ou de crimes. Nós ignoramos que vamos nos tornar outros, pois ignoramos até onde pode chegar, em nós mesmos, o domínio do que é modificável pelo exterior. Sempre nos comprometemos sem saber.

Roma é o grande animal ateu, materialista, que adora apenas a si mesmo. Israel é o grande animal religioso. Nem um nem outro é amável.[3] O grande animal é sempre repugnante.

Seria viável uma sociedade na qual reinasse apenas o peso? Ou um pouco de sobrenatural é uma necessidade vital?

Em Roma, talvez, houvesse apenas peso.

Para os hebreus, talvez, também. Seu Deus era pesado.

3. Roma, para Simone Weil, era a materialização da maior das perversões da história. Em *O enraizamento*, ela analisa detidamente o mal que vê na Roma antiga e chega a dizer que "a brutalidade dos romanos horrorizou e paralisou seus contemporâneos exatamente como a dos alemães hoje". Já em relação a Israel, esse era o "centro de todas as suas oposições, a chave de toda a sua resistência", segundo J.-M. Perrin e G. Thibon em *Simone Weil telle que nous l'avons connue* (Paris: Fayard, 1967).

Talvez um só povo antigo tenha sido absolutamente sem mística: Roma. Por qual mistério? Cidade artificial feita de fugitivos, como Israel.

*Grande animal de Platão.* O marxismo, no que tem de verdadeiro, está inteiramente contido na página de Platão sobre o grande animal; sua refutação está igualmente contida na mesma página.[4]

Força do social. O acordo entre muitos homens encerra um sentimento de realidade. Encerra também um sentimento de dever. O afastamento é tido como um pecado em relação a esse acordo. Nesse sentido, *todas* as inversões são possíveis. Um estado de conformidade é uma imitação da graça.

Por um mistério singular — que tem a ver com o poder do social —, a profissão proporciona virtudes aos homens médios que, pelos fins que se relacionam com ela, se fossem estendidas a todas as circunstâncias da vida, fariam deles heróis ou santos.

Mas o poder do social faz com que essas virtudes sejam *naturais*. Por isso, elas precisam de uma compensação.

4. Na *República* de Platão, adorar o grande animal é, reduzidamente, pensar e agir de acordo com os preconceitos e reflexos da multidão (Livro VI, 493a-c). Em diversos ensaios, Simone Weil analisa o marxismo e suas contradições como um sistema que entroniza o coletivo de maneira semelhante ao que é apontado por Platão na passagem sobre o grande animal. Cf., por exemplo, "Méditation sur l'obéissance et la liberté" [Meditação sobre a obediência e a liberdade] (1937-8) e "Sur les contradictions du marxisme" [Sobre as contradições do marxismo] (1934).

Fariseus: "Amém vos digo: têm a sua recompensa".[5] Inversamente, Cristo poderia dizer sobre os publicanos e as prostitutas: amém vos digo, eles têm o seu castigo — ou seja, a reprovação social. Na medida em que eles já o têm, o Pai que está no oculto não os castiga. Enquanto os pecados que não são acompanhados de reprovação social recebem sua parte plena do castigo do Pai que está no oculto. A reprovação social é, assim, um favor do destino. Mas ela se transforma em mal suplementar para aqueles que, sob a pressão dessa reprovação, fabricam para si um meio social excêntrico, dentro do qual eles têm licença. Meio de criminosos, de homossexuais etc.

O serviço do falso Deus (da Besta social, qualquer que seja a sua encarnação) purifica o mal ao eliminar o horror. Nada parece mal para quem serve a ele, exceto deixar de cumprir o serviço. Mas o serviço ao verdadeiro Deus deixa subsistir o horror ao mal, e até o torna mais intenso. Esse mal, do qual sentimos horror, é também o que amamos ao mesmo tempo, como algo que emana da vontade de Deus.

Quem acredita hoje que um dos adversários está do lado do bem acredita, igualmente, que ele será vitorioso.[6]

Considerar um bem, amado enquanto tal, como condenado pelo curso dos acontecimentos próximos é uma dor intolerável.

5. Trecho do Sermão da Montanha, feito por Jesus Cristo e relatado no Novo Testamento. No Evangelho de Mateus (6,2-4), lemos: "Quando praticares a dádiva de esmolas, não mandes tocar trombetas à tua frente como fazem os hipócritas nas sinagogas e nas ruas, para serem elogiados pelas pessoas. Amém vos digo: têm [nisso] a sua recompensa. Ao dares a esmola, que a tua mão esquerda não saiba o que faz a direita, para que fique a tua esmola em segredo. E o teu Pai, que vê no que está escondido, recompensar-te-á".
6. Essas linhas foram escritas em 1942. (N. O.)

A ideia de que aquilo que não existe mais em absoluto pode ser um bem é dolorosa, e a afastamos. Essa é uma submissão ao grande animal.

A força de ânimo dos comunistas vem do fato de que eles se dirigem não apenas para o que acreditam ser o bem, mas para o que acreditam que vai acontecer inelutavelmente, e em breve. Eles podem, assim, sem ser santos — para o que lhes falta muito —, suportar unicamente pela justiça perigos e sofrimentos que só um santo suportaria.

De certa forma, o estado de espírito dos comunistas é bastante análogo ao dos primeiros cristãos.

Essa propaganda escatológica explica muito bem as perseguições do primeiro período.

"Aquele, a quem pouco se perdoa, pouco ama."[7] É o caso daquele para quem a virtude social ocupa um lugar importante. A graça não encontra nele muito espaço livre. A virtude social é a obediência ao grande animal de acordo com o bem.

É fariseu um homem que é virtuoso por obediência ao grande animal.

A caridade pode e deve amar, em todos os países, tudo aquilo que é condição do desenvolvimento espiritual dos indivíduos — ou seja, por um lado, a ordem social, mesmo se for má, já que é melhor do que a desordem; e, por outro lado, a linguagem, as cerimônias, os costumes, tudo o que participa do belo, toda a poesia que envolve a vida de um país.

Mas uma nação enquanto tal não pode ser objeto de amor sobrenatural. Ela não tem alma. É um grande animal.

7. A frase é dita por Jesus Cristo no Evangelho de Lucas (7,47): "digo-te que estão perdoados os seus muitos pecados, porque muito amou; mas aquele, a quem pouco se perdoa, pouco ama".

E, no entanto, uma cidade…

Mas isso não é social; é um meio humano do qual não temos mais consciência do que do ar que respiramos. Um contato com a natureza, com o passado, com a tradição.

O enraizamento é diferente do social.

Patriotismo. Não deve haver outro amor além da caridade. Uma nação não pode ser objeto de caridade. Mas um país pode, como meio portador de tradições eternas. Todos os países podem sê-lo.

# 37
# Israel

A cristandade se tornou totalitária, conquistadora e exterminadora porque não desenvolveu a noção de ausência e de não ação de Deus aqui embaixo. Ela se apegou a Jeová tanto quanto ao Cristo; concebeu a Providência à maneira do Antigo Testamento: Israel era o único que podia resistir a Roma porque era semelhante a ela, e o cristianismo nascente já levava, por isso, a mácula romana antes de ser a religião oficial do Império. O mal que Roma causou nunca foi realmente reparado.

Deus fez promessas puramente temporais para Moisés e para Josué, em uma época em que o Egito se inclinava para a salvação eterna da alma. Depois de recusar a revelação egípcia, os hebreus tiveram o Deus que mereciam: um Deus carnal e coletivo que não falou com a alma de ninguém nem mesmo no exílio (a não ser, talvez, nos Salmos?)... De todos os personagens das narrativas do Antigo Testamento, só Abel, Enoque, Noé, Melquisedeque, Jó e Daniel são puros. Não surpreende que um povo de escravos fugitivos, conquistadores de uma terra paradisíaca que foi preparada por civilizações de cujo trabalho eles não participaram, e que destruíram com matanças — não surpreende que um povo como esse não tenha podido nos dar coisas boas. Falar de "Deus educador" em relação a esse povo é uma piada atroz.

Não surpreende que haja tanto mal em uma civilização — a nossa — viciada, na sua base e na sua própria inspiração, por essa terrível mentira. A maldição de Israel pesa sobre a cristandade. As atrocidades, a Inquisição, as exterminações de hereges e infiéis, tudo isso era Israel. O capitalismo era Israel, especialmente para seus piores inimigos.

Só pode haver contato *pessoal* entre o homem e Deus na presença do Mediador. Fora do Mediador, a presença de Deus para o homem só pode ser coletiva, nacional. Israel simultaneamente escolheu o Deus nacional e recusou o Mediador; talvez tenha em algum momento se inclinado ao monoteísmo, mas sempre recaía, e não poderia não recair, no Deus da tribo.

O homem que está em contato com o sobrenatural é rei por essência, pois ele é a presença na sociedade, em uma forma infinitamente pequena, de uma ordem que transcende o social.

Mas o lugar que ele ocupa na hierarquia social é completamente indiferente.

Já em relação à grandeza na ordem social, só quem captou uma grande parte da energia do grande animal é suscetível a ela. Mas esse não pode participar do sobrenatural.

Moisés, Josué — essa é a parte de sobrenatural para aqueles que captaram muita energia social.

Israel é uma tentativa de vida social sobrenatural. Alcançou, podemos supor, o que pode haver de melhor no seu gênero. É inútil recomeçar. O resultado mostra de que revelação divina o grande animal é capaz.

Isaías é o primeiro que traz uma luz pura.

Israel resistiu a Roma porque seu Deus, ainda que imaterial, era um soberano temporal do mesmo nível do imperador; e o cristianismo pôde nascer graças a isso. A religião de Israel não era suficientemente elevada para ser frágil e, graças a essa solidez, pôde proteger o crescimento daquilo que é mais elevado.[1]

Era necessário que Israel ignorasse a ideia de Encarnação para que a Paixão fosse possível. Roma também (esses talvez tenham sido os dois únicos povos a ignorá-la). Mas era preciso, não obstante, que Israel participasse de Deus de alguma forma. Toda participação que fosse possível sem espiritualidade nem sobrenatural. Religião exclusivamente coletiva. Foi por essa ignorância, por essas trevas, que esse foi o povo eleito. Podemos, assim, compreender as palavras de Isaías: "Endureci o coração deles para que não entendessem minhas palavras".[2]

É por isso que, em Israel, tudo está maculado pelo pecado: porque não há nada de puro sem a participação da divindade encarnada, e a ausência dessa participação está manifesta ali.

A luta de Jacó com o anjo não seria a grande mácula? "O Eterno... fará justiça de Jacó segundo suas obras. Desde o seio materno, ele suplantou seu irmão e, na sua

1. Reconhecer, como faz Simone Weil aqui, que na história da Israel houve, por um lado, momentos de mística pura (Isaías etc.) e, por outro lado, que o cristianismo nascente foi protegido por sua "carapaça" judia — isso já é legitimar a missão divina de Israel. (N. O.)

2. Referência ao Antigo Testamento, Isaías 6,9-10. Também no Novo Testamento, no Evangelho de João (12,39-41), há referência a esse versículo de Isaías — "Cegou os olhos deles/ e endureceu os seus corações,/ para que não vissem com os olhos/ e não compreendessem com o coração/ e não se convertessem; e curá-los-ei" — como uma prova da incredulidade do povo de Israel.

virilidade, triunfou sobre um Deus. Ele lutou contra um anjo e foi vencedor, e aquele chorou e pediu graça..."[3]

Quando se luta contra Deus, há infelicidade maior do que não ser vencido?

*Israel*. Tudo é maculado e atroz, como que de propósito, inclusive a partir de Abraão (com exceção de alguns profetas). Como se fosse para indicar com toda a clareza: Atenção! O mal está aqui!

Povo eleito para a cegueira, eleito para ser o carrasco de Cristo.

Os judeus, esse punhado de desenraizados, causaram o desenraizamento de todo o globo terrestre. Sua participação no cristianismo fez da cristandade algo desenraizado em relação a seu próprio passado. A tentativa de reenraizamento do Renascimento fracassou porque era de orientação anticristã. A tendência das "luzes", 1789, a laicidade etc. acrescentaram ainda infinitamente mais desenraizamento, pela mentira do progresso. E a Europa desenraizada desenraizou o resto do mundo pela conquista colonial. O capitalismo e o totalitarismo fazem parte dessa progressão no desenraizamento; os antissemitas, naturalmente, propagam a influência judaica. Mas, antes

3. A tradução da passagem do Antigo Testamento (Oseias, 12, 3-5) está de acordo com o trecho citado em francês por Simone Weil. Na edição *Bíblia — Os livros proféticos*. Tradução de Frederico Lourenço. São Paulo: Companhia das Letras, 2019, este é o trecho de Oseias: "E o Senhor tem um julgamento/ Contra Judá, para punir Jacó/ Em conformidade com os caminhos dele;/ E segundo as ações dele lhe pagará./ No ventre [da mãe] ele pontapeou/ O seu irmão e em lutas prevaleceu sobre Deus;/ E prevaleceu com um anjo e predominou./ Eles choraram e imploraram-me".

que eles desenraizassem com veneno a Assíria no Oriente, Roma no Ocidente, já tinham desenraizado pela espada.

O cristianismo primitivo fabricou o veneno da noção de progresso com a ideia da pedagogia divina que forma os homens para torná-los aptos a receber a mensagem de Cristo. Isso estava de acordo com a esperança da conversão universal das nações e do fim do mundo como fenômenos iminentes. Mas, como nenhum dos dois se produziu, depois de dezessete séculos essa noção de progresso foi prolongada para além do momento da Revelação cristã. A partir de então, ela devia se voltar contra o cristianismo.

Os outros venenos misturados com a verdade do cristianismo são de origem judaica. Esse é especificamente cristão.

A metáfora da pedagogia divina dissolve o destino individual — único que conta para a salvação — no destino dos povos.

O cristianismo quis buscar uma harmonia na história. É o germe de Hegel e de Marx. A noção de história como continuidade dirigida é cristã.

Creio que existem poucas ideias tão completamente falsas quanto esta. Buscar a harmonia no futuro, naquilo que é o contrário da eternidade. Má união dos contrários.

O humanismo, e o que se seguiu a ele, não é um retorno à Antiguidade, mas um desenvolvimento de venenos internos ao cristianismo.

É o amor sobrenatural que é livre. Ao querer forçá-lo, acabamos por substituí-lo por um amor natural. Mas, inversamente, a liberdade sem amor sobrenatural, aquela de 1789, é completamente vazia, uma simples abstração, sem nenhuma possibilidade de chegar a ser real.

# 38
# A harmonia social

Como uma ordem superior está infinitamente acima de uma ordem qualquer, a primeira só pode ser representada pela segunda como infinitamente pequena. O grão de mostarda, o instante, a imagem da eternidade etc.

Ponto de contato entre o círculo e a reta (tangente). É essa presença da ordem superior na ordem inferior, em forma de algo infinitamente pequeno.

Cristo é o ponto tangencial entre a humanidade e Deus.

A discrição, o caráter infinitesimal do bem puro...

O equilíbrio é a submissão de uma ordem a outra; ordem que é transcendente à primeira e que está presente na primeira na forma de algo infinitamente pequeno.

Uma realeza verdadeira, assim, seria a cidade perfeita.

Cada um, na sociedade, é o infinitamente pequeno que representa a ordem transcendente ao social e infinitamente maior.

O amor do cidadão pela cidade, do vassalo pelo senhor, teria que ser um amor sobrenatural.

* * *

Só o equilíbrio destrói e anula a força. A ordem social só pode ser um equilíbrio de forças.

Como não podemos esperar que um homem que não possui graça seja justo, uma sociedade precisa se organizar de tal maneira que as injustiças se punam umas às outras, em uma oscilação perpétua.

Só o equilíbrio aniquila a força.

Se soubermos qual é o ponto no qual a sociedade está desequilibrada, precisamos fazer tudo o que for possível para colocar mais peso no prato mais leve. Mesmo que o peso[1] seja o mal, se o manipularmos com essa intenção, talvez não nos maculemos. Mas temos que ter concebido o equilíbrio e estar sempre prontos para mudar de lado, como a justiça, "essa fugitiva do campo dos vencedores".

Significado da famosa passagem do *Górgias* sobre a geometria.[2] Não é possível nenhum desenvolvimento ilimitado na natureza das coisas; o mundo repousa inteiramente na medida e no equilíbrio, e o mesmo ocorre com a cidade. Toda ambição é desmedida e absurda.

γεωμετρίας γὰρ ἀμελεῖς.

O ambicioso se esquece totalmente da noção de relação.

1. "Poids" em francês.

2. Sócrates dialoga com Cálicles, em *Górgias*, de Platão (508a): "Mas a tua opinião é que se deve buscar possuir mais [que os outros], *já que descuras da geometria*". O trecho que destaco é a passagem que Simone Weil subsequentemente cita em grego, "γεωμετρίας γὰρ ἀμελεῖς". Platão, *Górgias*. Tradução de Daniel R. N. Lopes. São Paulo: Perspectiva, 2011. O grifo é meu.

* * *

*Povo estúpido a quem meu poder me acorrenta,*
*Ai! meu próprio orgulho precisa dos teus braços.*[3]

O laço feudal, ao fazer da obediência uma coisa de homem para homem, reduz muito o papel do grande animal.

A lei faz isso melhor ainda.

Seria preciso obedecer apenas à lei, ou a um homem. Esse é praticamente o caso das ordens monásticas. Seria preciso construir a cidade a partir desse modelo.

Obedecer ao senhor, a um homem, mas a um homem nu, vestido apenas com a majestade do juramento, e não com uma majestade emprestada pelo grande animal.

Uma sociedade bem-feita seria aquela na qual o Estado só tivesse uma ação negativa, como se fosse um leme: uma leve pressão no momento oportuno para compensar o início de um desequilíbrio.

O significado do *Político* de Platão é que o poder deve ser exercido por um meio social composto de vencedores e vencidos. Mas isso vai contra a natureza, a não ser quando os vencedores são bárbaros. Nesse sentido, quando a vitória dos bárbaros sobre os civilizados não é destruidora, ela é mais fecunda que a vitória dos civilizados sobre os bárbaros.

A técnica, que coloca a força e a civilização do mesmo lado, torna impossíveis essas regenerações. Ela é maldita.

Além desses momentos de amálgama, os fracos e os for-

3. Trecho do poema "Air de Sémiramis" [Canção de Semíramis], do livro *Album de Vers anciens* (1920) de Paul Valéry.

tes só podem compartilhar da mesma força com a intervenção de um fator sobrenatural.

O sobrenatural na sociedade é a legitimidade em sua dupla forma: lei e atribuição da mais alta instância de poder. Uma monarquia temperada por leis poderia, talvez, efetuar a mistura do *Político*. Mas não pode haver legitimidade sem religião.

A obediência a um homem cuja autoridade não é iluminada pela legitimidade é um pesadelo.

A única coisa que pode transformar a legitimidade pura — ideia absolutamente desprovida de força — em algo soberano é o pensamento de que "sempre foi assim, sempre será assim".

É por isso que uma reforma sempre deve se apresentar ou como retorno a um passado que deixaram que se degradasse, ou como adaptação de uma instituição a novas condições — adaptação que tem como objeto não uma mudança, mas, ao contrário, a manutenção de uma relação invariável. Por exemplo, supondo que haja uma relação 12/4, e que o 4 passe a ser 5: o verdadeiro conservador não é aquele que quer 12/5, mas o que transforma o 12 em 15.

A existência de uma autoridade legítima dá finalidade aos trabalhos e aos atos da vida social; uma finalidade diferente da sede do crescimento (que é o único motivo reconhecido pelo liberalismo).

A legitimidade é a continuidade no tempo; a permanência, um invariante. Ela dá à vida social a finalidade de algo que existe e que se concebe como algo que sempre existiu e que sempre deve existir. Ela obriga os homens a quererem exatamente aquilo que existe.

A ruptura da legitimidade, o desenraizamento — quando não é devido a uma conquista, quando se produz em um país como consequência do abuso da autoridade legítima —, suscita inevitavelmente a ideia obsessiva de progresso, pois a finalidade se volta então para o futuro.

O materialismo ateu é necessariamente revolucionário, pois, para se orientar em direção a um bem absoluto daqui debaixo, temos que localizá-lo no futuro. Para que esse ímpeto seja completo, precisamos então de um mediador entre a perfeição vindoura e o presente. Esse mediador é o chefe: Lênin etc. Ele é infalível e perfeitamente puro. O mal, ao passar por ele, se torna bem.

Temos que ou ser assim, ou amar Deus, ou nos deixar ser levados pelos pequenos males e pelos pequenos bens da vida cotidiana.

O laço entre o progresso e o baixo nível (porque, a partir do momento em que a geração precedente se deteve, a nova geração só pode perseguir algo necessariamente exterior) é um exemplo do parentesco entre a força e a baixeza.

O grande erro dos marxistas e de todo o século XIX foi acreditar que, andando reto e sempre em frente, eles subiriam pelos ares.

A ideia-ateia por excelência é a ideia de progresso, que é a negação da prova ontológica experimental, pois ela implica que o medíocre pode, por si mesmo, produzir o melhor. Mas toda a ciência moderna contribui para a destruição da ideia de progresso. Darwin destruiu a ilusão do progresso interno de Lamarck. A teoria das mutações só deixa subsistir o acaso e a eliminação. A energética postula que a energia só se degrada e nunca aumenta, e isso se aplica até à vida vegetal e animal.

A psicologia e a sociologia só serão científicas se fizerem um uso análogo dessa noção de energia, uso que é incompatível com qualquer ideia de progresso, e só então elas irão resplandecer com a luz da verdadeira fé.

Só o eterno é invulnerável ao tempo. Para que uma obra de arte possa ser sempre admirada, para que um amor ou uma amizade possam durar uma vida inteira (talvez até para que possam se manter puros por um dia inteiro), para que uma concepção da condição humana possa permanecer a mesma através das múltiplas experiências e vicissitudes da fortuna — uma inspiração precisa descer do outro lado do céu.

Um futuro completamente impossível, como o ideal dos anarquistas espanhóis, degrada muito menos e difere muito menos do eterno do que um futuro possível. Ele não chega nem a degradar, a não ser pela ilusão da sua possibilidade. Se for concebido como impossível, esse futuro transporta para o eterno.

O possível é o lugar da imaginação e, consequentemente, da degradação. Temos que querer ou o que realmente existe, ou o que absolutamente não pode existir — melhor ainda querer os dois. Tanto o que existe quanto o que não pode existir estão fora do futuro. O passado — não quando a imaginação se compraz com ele, mas no momento em que uma descoberta faz com que ele surja na sua pureza — é um tempo que tem a cor da eternidade. Nele, o sentimento da realidade é puro. É a alegria pura. É o belo. Proust.

O presente é aquilo a que nos apegamos. O futuro é o que fabricamos na imaginação. Só o passado, quando não o fabricamos, é realidade pura.

O tempo, por seu próprio curso, desgasta e destrói o que é temporal. Por isso há mais eternidade no passado do que no presente. O valor da história bem compreendida é análogo ao valor da lembrança em Proust. O passado, assim, nos apresenta algo que, ao mesmo tempo, é real e melhor que nós, e que pode nos lançar para o alto — coisa que o futuro nunca faz.

Passado: algo real, mas absolutamente fora do nosso alcance, algo em direção a que não podemos dar um passo, em direção a que só podemos nos orientar, para que uma emanação sua chegue até nós. É, nesse sentido, a imagem por excelência da realidade eterna e sobrenatural.

Será por isso que, na lembrança enquanto tal, há alegria e beleza?

De onde poderá vir o renascimento para nós, que maculamos e esvaziamos todo o globo terrestre?

Só do passado, se o amarmos.

Os contrários. Hoje, sentimos sede e asco do totalitarismo, e quase todo mundo ama um totalitarismo e odeia outro.

Haveria sempre uma identidade entre o que amamos e o que odiamos? Será que sempre temos necessidade de amar em outra forma aquilo que odiamos e vice-versa?

A ilusão constante da Revolução consiste na crença de que as vítimas da força, como são inocentes em relação às violências produzidas, fariam uso justo dessa força se ela estivesse em suas mãos. Mas, com exceção das almas que estão muito próximas da santidade, as vítimas estão tão maculadas pela força quanto os carrascos. O mal que está na empunhadura da espada é transmitido pela sua ponta. E as vítimas, quando postas no topo, embriagadas pela mudança, acabam fazendo tão mal quanto ou até mais, e logo voltam a cair.

O socialismo consiste em atribuir o bem aos vencidos; o racismo consiste em atribuir o bem aos vencedores. Mas a ala revolucionária do socialismo se serve daqueles que, mesmo tendo nascido embaixo, são vencedores por natureza e por vocação, de maneira que acaba desembocando na mesma ética.

O totalitarismo moderno está para o totalitarismo católico do século XII como o espírito laico e franco-maçom está para o humanismo do Renascimento. Cada oscilação faz a humanidade se degradar um pouco mais. Até onde isso vai chegar?

Depois do colapso de nossa civilização, das duas, uma: ou ela vai perecer por completo, como as civilizações antigas, ou vai se adaptar a um mundo descentralizado.

O que depende de nós não é romper a centralização (pois ela automaticamente faz uma bola de neve até a catástrofe), mas preparar o futuro.

Nossa época destruiu a hierarquia interior. Como ela poderia deixar subsistir a hierarquia social, que não é mais que uma imagem grosseira da primeira?

Você não poderia ter nascido em uma época melhor que essa, na qual tudo está perdido.

# 39
# Mística do trabalho

O segredo da condição humana é que não há equilíbrio entre o homem e as forças da natureza ao redor, que o superam infinitamente na inação; só há equilíbrio na Ação pela qual o homem recria sua própria vida no trabalho.

A grandeza do homem está sempre em recriar sua vida. Recriar o que lhe foi dado. Forjar até mesmo aquilo que ele sofre. Pelo trabalho, ele produz sua própria existência natural. Pela ciência, recria o universo por meio de símbolos. Pela arte, recria a aliança entre seu corpo e sua alma (cf. O discurso de Eupalinos).[1] Devemos observar

1. Alusão a *Eupalinos ou o arquiteto* (1921), um dos diálogos de Paul Valéry escritos em forma platônica. Nele, Sócrates e Fedro discutem sobre a arte da arquitetura. Fedro relata a Sócrates seu diálogo com Eupalinos. Simone Weil, ao citar esse discurso, pode estar se referindo a passagens como esta: "Ó Fedro, ao compor morada (quer para os deuses, quer para um homem), ao buscar sua forma com amor, aplicando-me em criar um objeto que delicie os olhos, que se entretenha com o espírito, que esteja de acordo com a razão e as numerosas conveniências... eu te direi esta coisa estranha que *me parece entranhar-se na obra todo o meu corpo*... Deixa-me dizê-lo. O corpo é um instrumento admirável, pelo qual me asseguro de que os viventes, tendo-o cada qual a seu serviço, dele não dispõem em plenitude; extraem apenas prazer, dor, e os atos indispensáveis para viver. [...] Mas sua alma não sabe servir-se exatamente dessa

que cada uma dessas três coisas, quando tomada por si mesma, sem relação com as outras duas, representa algo pobre, vazio e vão. União das três: cultura operária (pode continuar esperando)...

O próprio Platão é apenas um precursor. Os gregos conheciam a arte, o esporte, mas não o trabalho. O mestre é escravo do escravo, no sentido de que o escravo *fabrica* o mestre.

Duas tarefas:

Individualizar a máquina;

Individualizar a ciência (vulgarização, uma universidade popular à maneira socrática no que diz respeito aos fundamentos dos ofícios).

---

natureza que lhe está tão próxima e que ela penetra. Adianta-se, atrasa-se; parece fugir do próprio instante. Abatida ou impelida, retira-se para dentro dela mesma, onde se perde em seu vazio, gerando fumaça. Mas eu, inteiramente ao contrário, instruído pelos meus erros, digo em plena luz, repito a cada aurora: 'Ó corpo meu, que me lembrais a todo momento o temperamento de minha índole, o equilíbrio de vossos órgãos, as justas proporções de vossas partes, que vos fazem existir e vos restabelecem no seio das coisas moventes, vigiai minha obra; ensinai-me caladamente as exigências da natureza; comunicai-me essa grande arte da qual sois feito, da qual sois dotado, de sobreviver às estações e de vos refazerdes dos acasos. Que eu encontre em vossa aliança o sentimento das coisas verdadeiras; moderai, fortalecei, assegurai meus pensamentos. Perecível que sois, vós o sois bem menos que meus sonhos; perdurais mais que uma fantasia; pagais pelos meus atos, expiais pelos meus erros: Instrumento vivo da vida, sois para cada um de nós o único objeto que se compara ao universo'". Paul Valéry, *Eupalinos ou o arquiteto*. Tradução de Olga Reggiani. São Paulo: Editora 34, 1996.

Trabalho manual. Por que nunca houve um místico operário ou um camponês que escrevesse sobre como aproveitar a repulsa ao trabalho? Essa repulsa é tão frequente e sempre ameaçadora; a alma foge dela e busca escondê-la de si por uma reação vegetativa. Há perigo de morte em confessá-la. Essa é a fonte da mentira própria dos meios populares. (Há uma mentira própria de cada nível.)

Essa repulsa é o fardo do tempo. Confessá-la para si mesmo sem com isso ceder a ela nos permite a elevação.

A repulsa, em todas as suas formas, é uma das misérias mais preciosas que são dadas ao homem como escada para subir. Eu aproveitei muito bem esse favor.

Transformar toda repulsa em repulsa de si...

A monotonia é o que há de mais belo ou de mais terrível. De mais belo, se for um reflexo da eternidade. De mais terrível, se for o indício de uma perpetuidade sem mudanças. Tempo superado ou tempo esterilizado.

O círculo é o símbolo da bela monotonia; a oscilação pendular, da monotonia atroz.

Espiritualidade do trabalho. O trabalho faz com que sintamos, de maneira extenuante, o fenômeno da finalidade lançada como uma bala; trabalhar para comer, comer para trabalhar... Se considerarmos um dos dois como fim, ou se tomarmos um e outro separadamente, estaremos perdidos. O ciclo contém a verdade.

Um esquilo girando em sua gaiola e a rotação da esfera celeste. Extrema miséria e extrema grandeza.

É quando o homem se vê como um esquilo girando em uma gaiola circular que, se não mentir para si mesmo, estará próximo da salvação.

A grande dor do trabalho manual é que somos coagidos a nos esforçar durante longas horas simplesmente para existir.

O escravo é aquele para quem nenhum bem é proposto como objetivo das suas fadigas, a não ser sua simples existência.

Ele deve, então, ou ser desapegado, ou cair no nível vegetativo.

Nenhuma finalidade terrestre pode separar os trabalhadores de Deus. Eles estão sozinhos nessa situação. Todas as outras condições implicam em fins particulares que se interpõem entre o homem e o bem puro. Mas, para eles, não existe essa interposição. Eles não têm algo sobrando do qual devem se desprover.

Esforçar-se por necessidade, e não por um bem — por obrigação, e não por atração — para conservar sua existência tal como ela é — isso é sempre servidão.

A servidão dos trabalhadores manuais, nesse sentido, é irredutível.

Esforço sem finalidade.

É terrível — ou mais belo que qualquer coisa — quando a finalidade é sem fim. Só o belo permite que estejamos satisfeitos com o que existe.

Os trabalhadores precisam mais de poesia do que de pão. Precisam que sua vida seja uma poesia. Precisam de uma luz de eternidade.

Só a religião pode ser a fonte dessa poesia.

Não é a religião, mas a revolução que é o ópio do povo.

A privação dessa poesia explica todas as formas de desmoralização.

* * *

A escravidão é o trabalho sem luz de eternidade, sem poesia, sem religião.

Que a luz eterna proporcione não uma razão para viver e trabalhar, mas uma plenitude que dispense a busca por essa razão.

Na falta disso, os únicos estímulos são a coerção e o ganho. A coerção implica a opressão do povo. O ganho implica a corrupção do povo.

Trabalho manual. O tempo que entra no corpo. Através do trabalho, o homem se faz matéria como Cristo através da Eucaristia. O trabalho é como uma morte.

Precisamos passar pela morte. Precisamos ser mortos, sofrer o peso do mundo. O universo pesa sobre os rins de um ser humano — qual é a surpresa que ele se sinta mal?

Se o trabalho não tem estímulos, ele é como uma morte. Agir renunciando aos frutos da ação.

Trabalhar quando se está esgotado é tornar-se submisso ao tempo, como a matéria. O pensamento é coagido a passar de um instante ao instante seguinte, sem se agarrar ao passado nem ao futuro. Isso é obedecer.

Alegrias paralelas ao cansaço. Alegrias sensíveis. Comer, descansar, os prazeres do domingo... Mas não o dinheiro.

Nenhuma poesia que fala sobre o povo é autêntica se o cansaço não estiver ali, e a fome e a sede provenientes do cansaço.

# Bibliografia

BOSI, Ecléa. "A atenção em Simone Weil". *Psicologia* USP, v. 14, n. 1, 2003.

MOI, Toril. "I Came with a Sword". *London Review of Books*, v. 43, n. 13, 1 jul. 2021.

PÉTREMENT, Simone. *La Vie de Simone Weil*. Paris: Fayard, 2018.

ROSE, Jacqueline. "In extremis — Simone Weil e os limites da justiça". Trad. de Leda Cartum e Miguel Nassif. *serrote*, n. 45, 2023.

ROZELLE-STONE, A. Rebecca. *Simone Weil — A Very Short Introduction*. Oxford: Oxford University Press, 2024.

SHAKESPEARE, William. *Rei Lear*. Trad. de Rodrigo Lacerda. São Paulo: Editora 34, 2023.

SMITH, Patti. *Devoção*. Trad. de Caetano W. Galindo. São Paulo: Companhia das Letras, 2017.

SONTAG, Susan. "Simone Weil". *The New York Review of Books*, fev. 1963.

STEINER, George. *Nenhuma paixão desperdiçada*. Trad. de Maria Alice Máximo. São Paulo: Record, 2018.

TAUBES, Susan. "The Absent God". *The Journal of Religion*, The University of Chicago Press, v. 35, n. 1, jan. 1955.

THIBON, Gustave; PERRIN, Jacques. *Simone Weil telle que nous l'avons connue*. Paris: La Colombe, 1952.

WEIL, Simone. *Écrits de Londres et dernières lettres*. Paris: Gallimard, 1957.

______. *L'Attente de Dieu*. Paris: Seuil, 1977.

WEIL, Simone. *A condição operária e outros estudos sobre a opressão*. Organização e prefácio de Ecléa Bosi. Trad. de Therezinha G. G. Langlada. Rio de Janeiro: Paz e Terra, 1979.

______. *The Need for Roots*. Prefácio de T.S. Eliot. Londres: Routledge, 2001.

______. *L'Enracinement*. Paris: Flammarion, 2014.

______. *On the Abolition of All Political Parties*. Prefácio e tradução de Simon Leys. Com texto de Czesław Miłosz. Nova York: The New York Review of Books, 2014.

______. *Carta a um religioso*. Trad. de Monica Stahel. Petrópolis: Vozes, 2016.

WEIL, Sylvie. *Chez les Weil*. Paris: Buchet/Chastel, 2009.

Santa Teresa d'Ávila

## Livro da vida

*Tradução e notas de*
MARCELO MUSA CAVALLARI
*Prefácio de*
FREI BETTO
*Introdução de*
J. M. COHEN

Até a chegada dos manuscritos de santa Teresa, a Igreja católica vivia sob os preceitos do teocentrismo. O que fez esta mulher letrada (uma raríssima exceção para a época), autodidata e visionária foi tirar Deus do centro do universo para colocá-lo no cerne da alma; em outras palavras, trouxe à tona a figura do homem moderno, que vive em busca de si mesmo e está pronto para experiências místicas.

*Livro da vida* é o clássico mais lido pelos espanhóis depois de *Dom Quixote*, de Cervantes. Em notável prefácio, escrito especialmente para esta edição, Frei Betto descreve Teresa da seguinte maneira: "Feminista *avant la lettre*, esta monja carmelita do século XVI, ao revolucionar a espiritualidade cristã, incomodou as autoridades eclesiásticas de seu tempo, a ponto de o núncio papal na Espanha, dom Felipe Sega, denunciá-la, em 1578, como 'mulher inquieta, errante, desobediente e contumaz'".

Esta edição traz também uma esclarecedora introdução de J.M. Cohen, especialista em literatura de língua espanhola e um dos mais notáveis homens de letras da Inglaterra no século XX. Completam o volume as notas e as indicações de leitura feitas pelo tradutor brasileiro Marcelo Musa Cavallari.

Santo Agostinho

# Confissões

*Tradução do latim e prefácio de*
LORENZO MAMMÌ

Pela densidade poética e pela originalidade da escrita, e por inaugurar o gênero da autobiografia como história da formação de uma personalidade, as *Confissões* de Agostinho de Hipona são ainda hoje um livro surpreendente.

Redigidas no século IV, elas representam um marco único na história da literatura ocidental. Agostinho elabora nelas uma nova maneira de fazer filosofia, estranha à tradição antiga, por ser baseada não apenas em conceitos abstratos e deduções, mas sobretudo na observação fina dos movimentos psicológicos, das motivações interiores e do significado de pequenos fatos e gestos cotidianos.

Leitura incontornável para todos os que se interessam por filosofia, história ou religião, o livro ganha nova tradução do latim por Lorenzo Mammì.

Platão

# Fedro

*Tradução do grego, apresentação e notas de*
MARIA CECÍLIA GOMES DOS REIS
*Introdução de*
JAMES H. NICHOLS JR.

A atividade literária de Platão, considerado um dos pais da filosofia, se estendeu por cerca de meio século. Poucos foram os escritores da Antiguidade que, como ele, exploraram a prosa grega em toda a sua graça e precisão, sua flexibilidade e seu poder.

*Fedro* é universalmente reconhecido como um dos seus textos mais profundos e belos. Tomando a forma de um diálogo entre Sócrates e Fedro, seu assunto principal é o amor (especialmente o homoerótico). Em seguida, porém, a conversa muda de direção e volta-se para uma discussão acerca da retórica, que deve ser baseada na busca apaixonada pela verdade, aliando-se assim à filosofia.

Esta nova edição de *Fedro*, com tradução direta do grego, apresentação e notas de Maria Cecília Gomes do Reis, inclui um ensaio sobre retórica inédito no Brasil de autoria do americano James H. Nichols Jr., um dos maiores especialistas mundiais na obra de Platão.

Esta obra foi composta por Alexandre Pimenta em Sabon e impressa
em ofsete pela Lis Gráfica sobre papel Pólen Natural da Suzano S.A.
para a Editora Schwarcz em maio de 2025